MODERN CHINESE

Beginner's Course
Second Edition
Volume 3
Third Department for Foreign Students
Beijing Language and Culture University

Beijing Language and Culture University Press/Sinolingua

练习

第五十八课 ……………… (25)
买鞋

生词

注释：

1. 小脚女人
2. 中老年
3. 点头
4. 还是的
5. 穿、戴

词语例解

1. 怎么
2. 习惯
3. 尤其
4. 差不多

语法

1. 既然…,就…
   The construction 既然…,就…
2. V得着/V不着
   The verb phrase V得着/V不着

练习

第五十九课 ……………… (36)
春节

生词

注释：

1. 农历
2. 子时
3. 元宵节
4. 起来

词语例解

1. 一直
2. 当然
3. 大概
4. 之一
5. 一般

语法

1. 无论…,都…
   The construction 无论…,都…
2. 一年比一年
   The phrase 一年比一年

练习

第六十课 ……………… (46)
一封信

生词

注释：

1. 明哥
2. 冬梅

词语例解

1. 搞
2. 看来
3. 随
4. 比较
5. 打算

语法

疑问代词的引申意义(1)
The extended meanings of interrogative pronouns(1)

目 录
CONTENTS

第三册编写说明……………………………………………(1)
INTRODUCTION TO VOLUME Ⅲ ……………………(4)

第五十六课………………(1)
请上帝原谅我
生词
  注释：
  1. 表哥
  2. 对象
  3. 少壮不努力,老大徒伤悲
  4. 后,已

词语例解
  1. 只好
  2. 无论如何
  3. 人家
  4. 再说

语法
  1. 复句
     Compound sentences
  2. 用"不是…吗"的反问句
     Rhetorical questions using "不是…吗"

练习

第五十七课 ………………(12)
愚公移山

生词
  注释：
  1. 愚公移山
  2. 华北
  3. 从早到晚
  4. 人民
  5. 但

词语例解
  1. 全
  2. 只有
  3. 干
  4. 不如

语法
  1. 连…都/也
     The construction 连…都/也
  2. 只要…,就…
     The construction 只要…,就…
  3. "V得动/V不动"和"V得了/V不了"
     Verb phrases V得动/V不动 and V得了/V不了

I

(京）新登字 157 号

图书在版编目（CIP）数据

初级汉语课本　第三册/原北京语言学院来华留学生三系编－2版．－北京：北京语言文化大学出版社，1998重印
ISBN 7－5619－0426－6

Ⅰ．初…
Ⅱ．北…
Ⅲ．对外汉语教学－初级－教材
Ⅳ．H195.4

责任印制：	孙　健
出　　版：	北京语言文化大学出版社 华 语 教 学 出 版 社　联合出版
发　　行：	北京语言文化大学出版社 （北京海淀区学院路15号　邮政编码100083）
印　　刷：	北京林业大学印刷厂
经　　销：	全国新华书店
版　　次：	1998年3月第2版第9次印刷
开　　本：	850×1168毫米　1/32　印张：9
字　　数：	221千字　印数：8000册
定　　价：	20.00元

初级汉语课本

第二版

第三册

原北京语言学院来华留学生三系 编

北京语言文化大学出版社·华语教学出版社

练习

第六十一课 ·············· (57)
哎呀,我真傻!
生词
 注释:
 1. 团委书记
 2. 劳动人民文化宫
 3. 一饭盒面条、一身蓝

词语例解
 1. 难怪
 2. 简直
 3. 不知(道)…好
 4. 其实
 5. 主要

语法
 1. 尽管…,还是…
  The construction 尽管…,还是…
 2. 越 V 越…
  The construction 越 V 越…
 3. "起来"的引申意义
  The extended meaning of 起来
 4. 高兴得一夜都没睡好
  VP/SP following V 得 expressing a comment or description

练习

第六十二课 ·············· (68)
北京的自行车
生词
 注释:
 1. 上下班
 2. 头疼
 3. 可不是

词语例解
 1. 同时
 2. 特别
 3. 不过
 4. 平均

语法
 1. 如果…,就…
  The construction 如果…,就…
 2. 由于…,(因此/所以)…
  The construction 由于…,(因此/所以)…
 3. "下去"的引申意义
  The extended meaning of 下去

练习

第六十三课 ·············· (78)
谈中国的地理情况
生词
 〔附〕中国的行政区划

词语例解
 1. 尽量
 2. 根据
 3. 相当
 4. 其中

5. 到底

语法

1. 百万以上的称数法
   Counting in millions and above
2. 百分数
   percentage
3. 倍数
   Multiple numbers
4. "下来"的引申意义
   An extended meaning of 下来

练习

第六十四课 …………… (91)
神奇的词语

生词

注释：
1. 陈原
2. 非把毛衣好好打一顿不可
3. 甲、乙
4. 打头

词语例解

1. 以为
2. 凡是
3. 原来
4. 关系
5. 至于

语法

1. 不(是)…，而(是)…
   The construction 不(是)…，而(是)…
2. "把"字句(3)
   The 把-sentence(s)

练习

第六十五课 …………… (102)
逛琉璃厂

生词

注释：
1. "什么风把你给吹来了？"
2. 元代、明代、清代

词语例解

1. 早
2. 听说
3. 既然
4. 真
5. 正

语法

1. "起来"的引申意义(2)
   The extended meaning of 起来(2)
2. "出来"的引申意义
   The extended meaning of 起来

练习

第六十六课 …………… (114)
问路(小相声)

生词

注释：
1. 台阶儿

2. 那个戴眼镜的

3. 老头儿

词语例解

1. 拿…来说

2. 免不了

3. …之间

4. 靠

5. 可能

语法

疑问代词的引申意义(2)

The extended meanings of interrogative pronouns(2)

练习

第六十七课……………(125)

中学生怎样看家长

生词

注释：

1. 武术

2. 退休

3. 家长学校

4. 值日

词语例解

1. 越来越…

2. 总(是)

3. 倒

4. 随便

5. 最

语法

主语的省略

Omission of subjects

练习

第六十八课……………(138)

一次关于中国现代文学的对话

生词

注释：

1. 五四运动

2. 四十年代

3. 多着呢

[附]1. 本课涉及的作家

　　　2. 本课涉及的文学作品

词语例解

1. 算

2. 前后

3. 影响

4. 无论

语法

1. "是…的"的几种意义

Several meanings of the "是…的" construction

2. "是"强调肯定

是 emphasizes confirmation

练习

第六十九课……………(152)

骆驼祥子

生词

注释：

1.《骆驼祥子》

2. 刘四爷

3. 车厂

V

4. 清华大学
5. 父女

词语例解
1. 够
2. 一定…
3. 眼前

语法
1. "上"的引申意义
The extended meanings of the verb 上
2. 即使…，也…
The construction 即使…，也…
3. 宁肯…，也…
The construction 宁肯…，也…

练习

第七十课…………(164)
参观历史博物馆
生词
注释：
1. 中国历史博物馆、中国革命博物馆
2. 春秋时代
3. 鸦片战争
4. 太平天国革命(1851—1864)
5. 辛亥革命
[附]中国历史年表

词语例解
1. 经历
2. 过
3. 等
4. 进行
5. 变

语法
同位词语
Appositive phrases

练习

第七十一课…………(178)
大教育家——孔子
生词
注释：鲁国

词语例解
1. 交
2. 千万
3. 明明
4. 却
5. 乱

语法
副词"就"的几种意义
Some meanings of the verb 就

练习

第七十二课…………(188)
夜话(电视剧本)(上)
生词
注释：
1. 该死，瞎说
2. 煤气罐，换煤气
3. 对了

4. 走后门
5. 两口子
6. 娘儿俩

词语例解
1. 忙
2. 点
3. 可
4. 简单
5. 送

语法
1. 表示人或事物的出现或消失的句子
Sentences expressing appearance or disappearance of a person/thing
2. 一点儿也(都)不(没)…
The expression 一点儿也(都)不(没)…

练习

第七十三课……………（202）
夜话(电视剧本)(下)
生词
注释：
1. 小姨子
2. 魏大姐
3. 干杯
4. 前院、后院、外院、里院

词语例解
1. 受
2. 重新

3. 死
4. 坏
5. 仍然

语法
1. 用"什么"的反问句
Rhetorical questions using 什么
2. "V-出来"表示辨认
"V-出来" phrases express recognition

练习

第七十四课……………（215）
杜师傅与郭奶奶(上)
生词
注释：
1. 谭爷、陈爷
2. 烧纸钱
3. 孩子他爸
4. 您家里就没个人？

词语例解
1. 几乎
2. 先后
3. 而
4. 开
5. 并

语法
用"谁"、"哪"、"哪儿"、"怎么"的反问句
Rhetorical questions using 谁, 哪, 哪儿 and 怎么

练习

第七十五课 ………… (229)

杜师傅与郭奶奶(下)

生词

　注释：

　　1. 公费医疗

　　2. 街道居民委员会

　　3. 妇联

　　4. 走在我前头

词语例解

　　1. 一连

　　2. 只是

　　3. 经过

　　4. 何必

　　5. 难道

语法

　1. 副词"又"的三个意义

　　Three meanings of the adverb 又

　2. 没有一(个)…

　　The expression 没有一(个)

练习

附录　APPENDICES

语法索引

Grammar Index …… (244)

词汇索引

Vocabulary Index

………………………… (247)

第三册编写说明

《初级汉语课本》第三册与第一、二册相衔接又是分属不同教学阶段的教材。课本第一、二册的任务是对学生进行基本语言技能和基本语音、语法知识的训练;第三册则是在前一阶段训练的基础上,通过对典型语言材料的分析,加深学生对汉语的理解,提高口头及书面的表达能力。因此,这一阶段的教学,是实际意义上的初级汉语精读教学。

一、编写原则

1. 本书以学习文史的外国学生为对象。为了训练学生多方面的观察、理解和吸收语言的能力,适应他们专业学习中阅读与表达的需要,本书选用课本时,注意了所选课文体裁多样,风格不同,题材广泛。

2. 课文内容有一定深度。本书是为有相当文化水平的成年人编写的。为了引起他们的学习兴趣,并通过学习增加知识,扩大视野,所选课文,内容都有一定深度,各课的注释特别注意发掘课文中的中国文化背景知识。

3. 控制语言难度。为了保证课文难易适合学生的程度,课文或者根据有关资料编写,或者对现成的作品进行简写。课文篇幅控制在 600－1600 字之间,生词量平均每课不超过 60 个。

4. 词语例解和语法点少而精。为了使学生学得"精",每一课的词语例解不超过 5 个,语法点不超过 4 个,通过课堂上的充分练习,使学生能基本掌握。

5. 练习注重实用。一部分练习是为词语和语法教学服务的,一部分是为了提高学生表达能力设计的。这些练习多数既可以做笔头练习，又可以做口头练习。纯机械性练习不是本书的教学重点。

二、教学安排

本书共20课，每课授课时间8-10学时（每学时50分钟），建议作如下分配：

生词、课文串讲	2学时
词语例解	2学时
语法	2学时
复述、讨论课文	2学时
综合练习、检查	2学时

以上只是课堂教学的安排，至于复习、作业讲评、检查预习情况和测验等可由教师视具体情况安排进去。

三、教学方法

1. 重视预习。本书授课要重视学生的课前预习。教师可根据课上要做的工作，给学生布置预习提纲，通过预习培养学生独立工作能力，提高学习的主动性。课堂上则着重对学生进行熟巧性的训练。

2. 强调重点。本书在词语知识和课文内容等方面，强调重点训练，不求面面俱到。讲解、练习着眼于重点内容，次要的内容可通过学生预习解决。

3. 练习注意层次性。本书的练习分为理解性的、机械性的和活用的三大类。以足够的理解性练习和机械性练习为基础，逐步进行活用练习，重点在活用练习上。

4. 课文讲解要先引导学生把握课文基本内容，如记叙文要弄清故事发生的时间、地点、人物、故事发展梗概等；论说文则要了解文章的论点和论据，然后扫清语言难点，进一步挖掘课文内容，理解字里行间的"潜台词",以及某些文化内涵(注释为此提供了方便)。这是教学的重点之一。

5. 复述与讨论练习。本书设计的复述与讨论练习,是培养学生运用语言、提高表达能力的有效方法。教师可作引导式的提示,使复述和讨论有控制地进行。例如,做复述练习时教师可以先设计出几种开头,然后由学生接着复述;也可以提出一系列的问题,让学生概括复述内容。同时要指导学生在用不同人物的口气复述时,对原课文内容作适当取舍,加上自己的想象。必要时,教师也可以给学生列出提纲,并作出示范。

课堂讨论前,教师可先就讨论题准备一些小问题,以便讨论时不断向学生发问,以保证讨论顺利进行。最后还可以启发学生总结讨论中提出的不同意见。

6. 辅助教学手段。本书课文为各种语言实践活动提供了一定条件。教学中可配合组织观看影剧、录相片或参观等活动。这些都会有助于提高学生的学习积极性和提高语言能力。

以上只是教学的一般方法,教师不必过分拘泥。他们完全可以根据自己的经验,针对不同的教学对象,灵活安排课堂教学。

本书编就于1979年底,原名为《现代汉语精读课本》,中间经过一次修改。在过去几年中,曾陆续在若干教学班使用。此次出版前,对原有篇目又作了较大调整,但编写原则、体例未变,因此,仍是在原有基础上的修订。本书原编者为:鲁健骥、李继禹、刘岚云、黄政澄、丁永寿、邱衍庆。此次修订工作由鲁健骥、黄政澄、丁永寿担任。

编　者
1987年6月

INTRODUCTION TO VOLUME III

Volume III of *Modern Chinese—Beginner's Course* has been compiled as the successor to Volumes I and II; it functions as the next higher stage of teaching material. Volumes I and II are aimed at training the students in basic language, intonation, and arammar skills. The material in Volume III is based upon skills aquired in the previous stages. By employing analysis of carefully selected pieces of typical Chinese writings, this volume helps both to deepen the students' understanding of Chinese, and to improve their ability in spoken and written expression. Instruction at this level is the intensive of basic Chinese and thus has practical significance.

I. Principles of compilation

1. This textbook is directed at foreign students who major in Chinese literature and history. In order to broaden their training in language comprehension and assimilation, attention was given to selecting articles of varying genre, style, and subject matter which would be suitable to meet the reading and expression needs of the students' fields of study.

2. This textbook is edited for adults who have achieved a considerable level of literacy. Accordingly, the selections reveal a due level of profundity and thereby serve to arouse the students interest, to enrich their knowledge and to expand their fields of vision. In the explanatory notes for each lesson, special attention is paid to the background knowledge of Chinese culture explored in the

text.

3. The difficulty level of the texts is controlled. In order to maintain a degree of difficulty consonant with the students' ability, the texts either are based on relevant materials or are condensed forms of already published articles. There are 600-1600 words in each text and the average number of new words is ont more than 60.

4. Explanations of words, expressions, and grammar points are concise. In order to give the students a sound grasp, each lesson has no more than five expressions which must be explained and no more than four grammar points. After ample classroom practice, students are able to grasp the essentials.

5. The exercises lay stress on practicability. Some of the exercises serve as practice on phrases and grammar; others are designed to improve the students expressive ability. These exercises can be practiced in written or oral form. Mechanical-type drills are not the focal point of this textbook.

II. Program for instruction

This textbook is composed of 20 texts. It takes 8-10 class periods (50 minutes for each period) to complete a lesson. A suggested distribution is as follows:

Construing new words and text	2 periods
Explanation of words and expressions	2 periods
Grammar points	2 periods
Retelling and discussion of the text	2 periods
Comprehensive practice and quizes	2 periods

The above mentioned is the structure for classroom teaching only. Review, homework, checking students pre-class preparation, and testing can be arranged by the teacher accordingly.

III. Teaching methods

1. *Stressing student preparation*. Attention must be paid to the students preparation for each lesson. The teacher should make an outline based on the work which must be covered in the text by which the students can prepare their lessons. In this way the students will be trained in the aspect of self-study and their study initiative will be aroused. During class the students should be directed toward a thorough mastery of skills.

2. *Emphasizing key points*. This textbook does not attempt to be exhaustive. Instead, it stresses practice on the essential words, phrases, and content of the texts. When explaining and drilling, the teachers should always focus on the key points. Students can study items of secondary importance at their own discretion.

3. *The importance of systematic practice*. The exercises in this book are divided into three main categories: comprehensive exercises, mechanical exercises, and creative exercises. The first two methods function as a foundation to facilitate the progressive employment of the creative exercises. The exercises regarded as most important are those which require creative application.

4. *Clarifying main ideas*. While explaining the text, the teacher should encourage the students to get a general picture of what is going on. For instance, in a narrative the students should be made to have a clear idea of when and where the story takes place, who the characters are, as well as the gist of the story. If it is a treatise, the students should be led to understand the thesis and argument. Difficult language points must be clarified. Afterwards, the teacher should go a step further in analyzing the text, so as to set forth an understanding of the cultural implications and latent

meaning of the text. (In order to facilitate this, notes to the texts are provided.) Such clarification of the texts is one of the important aspects of teaching.

5. *Reiteration and discussion practice*. The reiteration and discussion exercises designed for this textbook are an effective method by which the student can improve their ability to express themselves through utilizing Chinese. The teacher may guide the students by prompting them. For instance, the teacher can make several opening statements and the students can continue the story; or the teacher may ask a series of questions letting the students sum up the contents. Furthermore, the teacher may direct the students to retell the story in a different tone, using different characters based on their own imagination. When necessary, the teacher can make an outline of the story and set examples for the student to follow.

Before in-class discussion, the teacher can prepare a series of topical questions so as to keep the discussion flowing. Finally, the teacher may instruct the students to sum up the different opinions raised during discussion.

6. *Supplementary instruction*: This textbook provides conditions for various language practice activities. The students may also be organized to see films, videos, or to visit interesting places. This will arouse the students' enthusiasm for study and improve their language ability.

The above mentioned are the general teaching methods. Teachers are not strictly confined to these rules. Based on their own experience and dealings with different audiences, the teachers, by all means, may arrange the material flexibly.

The compilation of this textbook began during the close of 1979 and underwent subsequent revision. Originally it was entitled *Intensive Modern Chinese Course*. In the past several years this textbook has been used in a number of training classes. In this edition the articles were rearranged considerably, but the principles guiding compilation and style remain the same. Consequently, this revision still retains the original base.

Original Compilers: Lu Jianji, Li Jiyu, Liu Lanyun, Huang Zhengcheng, Ding Yongshou and Qiu Yanqing

Revision Staff: Lu Jianji, Huang Zhengcheng and Ding Yong shou

The Compilers
June 1987

第五十六课

请上帝原谅我

新年刚过,小王在日记本上写下一段话:
不自学好英文不谈恋爱。我不但要能看懂英文书报,而且要能说一口流利的英语。

一年后,小王才学会了 26 个字母。因为表哥给他介绍了一个对象,所以耽误了学习。他只好原谅自己。在日记上他又写下了一段话:
虽然我有了女朋友,但是我一定要做到,不把英文课程学完决不结婚。我不能说了话不算数。

又过了一年,自学课程还是没学多少,小王结婚了。结婚那天晚上,他在妻子面前拿出日记,写下保证:
现在该是我认真学习的时候了。"少壮不努力,老大徒伤悲"。无论如何也要把英文自学完才能要孩子。

已是第四个春天了。小王除了学会了"你好"、"谢谢"、"再见"几个词以外,别的他一点儿也不会。他看见别人的孩子就喜欢。一天,他跟妻子商量:"咱们也要一个孩子吧!"

"你不是说不学好英文课程不要孩子吗?"妻子说。

"唉,你看,人家带着孩子逛公园多有意思啊。再

1

说，没有孩子，我心里总是七上八下的；有了孩子，不就可以更安心地学习了吗？"

妻子同意了。

小王再一次原谅了自己：

请上帝原谅我。我虽然没有完成自己的学习计划，但是我的决心没有变。如果有了孩子，我保证努力学习……

孩子有了，小王比以前更忙了。一天到晚除了工作，还得照顾孩子。工作、生活忙得他团团转。有时刚打开书本，眼睛就睁不开了。小王又写下了下面一段话：

唉，过去的就让它过去吧。时间长着呢。我刚二十七八岁，等孩子大了，再努力学习吧！

生　　词

1. 原谅	（动）	yuánliàng	to forgive
2. 新年	（名）	xīnnián	the New Year's Day
3. 日记	（名）	rìjì	diary
4. 段	（量）	duàn	passage, paragraph
5. 话	（名）	huà	word (what is said or written)
6. 自学	（动）	zìxué	self-study
7. 谈	（动）	tán	to talk
8. 恋爱	（名）	liàn'ài	love
9. 不但	（连）	búdàn	not only
10. 而且	（连）	érqiě	but also, moreover

11. 口	(量)	kǒu	mouth, a measure word
12. 字母	(名)	zìmǔ	letter (a written/printed sign representing a speech sound)
13. 因为	(连)	yīnwèi	because
14. 表哥	(名)	biǎogē	male elder cousin
15. 对象	(名)	duìxiàng	boy or girl friend
16. 耽误	(动)	dānwu	to delay
17. 只好	(副)	zhǐhǎo	cannot but, have to (do…)
18. 但是	(连)	dànshì	but
19. 课程	(名)	kèchéng	course (a set of lessons)
20. 决	(副)	jué	absolutely (not)
21. 结婚		jiéhūn	to marry
22. 算数		suànshù	to count
23. 妻子	(名)	qīzi	wife
24. 面前	(名)	miànqián	in the face of
25. 保证	(名、动)	bǎozhèng	to pledge
26. 认真	(形)	rènzhēn	earnest, conscientious
27. 少壮不努力, 老大徒伤悲		shàozhuàng bù nǔlì, lǎodà tú shāngbēi	If one does not exert himself in youth, he will regret it in old age.
28. 无论如何		wúlùn rúhé	at any rate

29.	孩子	（名）háizi	child
30.	春天	（名）chūntiān	spring
31.	唉	（叹）āi	alas (sound of sigh)
32.	人家	（代）rénjia	others, a certain person, oneself
33.	再说	（连）zàishuō	what's more, moreover
34.	七上八下	qīshàngbāxià	an unsettled state of mind
35.	安心	（形）ānxīn	to feel at ease
36.	虽然	（连）suīrán	though
37.	完成	（动）wánchéng	to fulfil, to complete
38.	计划	（名、动）jìhuà	plan, to plan
39.	决心	（名）juéxīn	determination
40.	变	（动）biàn	to change
41.	如果	（连）rúguǒ	if, suppose
42.	努力	（形）nǔlì	diligent
43.	照顾	（动）zhàogù	to take care of, to look after
44.	生活	（名）shēnghuó	life
45.	团团转	tuántuán zhuàn	to turn round and round
46.	眼睛	（名）yǎnjing	eye
47.	睁	（动）zhēng	to open(one's eyes)
48.	过去	（动）guòqu	to pass

专　名

上帝	Shàngdì	God

注释:

1. 表哥

"表"指中表关系,即跟祖父或父亲的姐妹的子女的亲戚关系,或跟祖母、母亲的兄弟姐妹的子女的亲戚关系。

表 indicates the relationship between oneself and the children of one's grandfather's or father's sisters, or between oneself and the children of one's grandmother's or mother's brothers and sisters.

表哥　male elder cousin
表弟　male younger cousin
表姐　female elder cousin
表妹　female younger cousin

2. 对象

这里指恋爱的对方,用法是:

对象 means boy or girl friend and the word is used in the following ways:

找对象　to look for a partner in marriage
介绍对象　to act as a match-maker
A 跟 B 搞对象　A and B are in love

3. 少壮不努力,老大徒伤悲

这两句话引自汉乐府《长歌行》:"百川东到海,何时复西归?少壮不努力,老大徒伤悲!"

These are two lines from a Han poem entitled *Changgexing* which goes: All rivers folw eastward into the sea, but never flow back west. It will be too late to bewail, for the time wasted in youth.

4. 后,已

汉语中有许多与双音节词在意义上对应的单音节词,这些词多用于书面语。本书将陆续介绍一些。

In Chinese many monosyllabic words have semantically disyllabic counterparts. These monosyllables are mainly used in written Chinese. Some of them will be introduced in this book.

后，…以后
　　十年后：十年以后
　　晚饭后：晚饭以后
已：已经
　　我已到京：我已经到了北京。
　　我已给他写信：我已经给他写了信。

词 语 例 解

1. 只好

副词（adv.），表示没有别的办法，不得不如此。

只好 means "have to do something and there is no other choice"

(1) 下星期到上海去的飞机票没有了，我们只好坐火车去。

(2) 张先生今天出去了，你只好明天再来一趟。

(3) 你们都有事，只好让他去。

2. 无论如何

表示不管情况发生什么变化，其结果都不变。

无论如何 means that under all circumstances the result will be the same.

(1) 像你这样学习，无论如何也学不好。

(2) 无论如何你下星期也要来一次。

(3) 这本书我今年无论如何要翻译完。

3. 人家

代词（pron.）

1) 指说话人和听话人以外的人，相当于"别人"。

人家 means 别人, i. e. people other than the speaker or the two parties of conversation.

(1) 人家能学会，我也能学会。

2) 指某个人或某些人，相当于"他"或"他们"。

人家 refers to a certain person(s), equal to 他 or 他们.

(2) 这本词典小王等着用呢，你快给人家送去吧。

3) 指说话人自己，相当于"我"。

人家 refers to the speaker himself, equal to 我.

(3) 你要吃苹果，人家给你买了，你又不吃。

4．再说

连词（conj.），表示推进一层的意思。

再说 means "moreover, what's more".

(1) 今天天气不错，再说，你们下午也没事儿，我们去公园玩玩儿吧。

(2) 时间不早了，再说，他身体也不好，他可能不会来了。

(3) 这东西便宜，再说，你又喜欢，你就买一个吧。

语　　法

1．复句

Compound sentences

由两个或两个以上意思上有联系的单句构成的句子叫复句。构成复句的单句叫分句，分句之间可用连词或起关联作用的副词连接，如本课出现的"不但…，而且…"、"虽然…，但是…"、"因为…，所以…"：

Compound sentences are sentences composed of two or more simple sentences which are related to each other in meaning. The simple sentences in a compound sentence are known as clauses and they are connected by conjunctions or correlative adverbs, e.g. "不但…，而且…"，"虽然…，但是…" and "因为…，所以…" in this text.

(1) 我不但要能看懂英文书报，而且要能说一口流利的英语。

(2) 虽然我有了女朋友，但是我一定要做到不把英文课程学完决不结婚。

(3) 因为表哥给他介绍了一个对象，所以耽误了学习。

关联副词可以在分句的句首，也可以在谓语前面，如：

The correlative adverbs may be either at the beginning of the clause or before the predicate, e. g.

(4) 虽然我没有完成自己的学习计划，但是我的决心没有变。

(4)a 我虽然没有完成自己的学习计划,但是我的决心没有变。

值得注意的是，汉语复句中的关联词语可以单用，可以合用，有时可以完全不用。

What is to be noted is that in a Chinese compound sentence, sometimes only one correlative is used, sometimes two are used and sometimes no correlative is used at all.

2. 用"不是…吗"的反问句

Rhetorical questions using "不是…吗"

有些疑问句，并不是要提问，而是要强调一个肯定或否定的意思，这就是反问句。反问句是否定的，表示的意思是肯定的；反问句是肯定的，表示的是否定的意思。本课介绍用"不是…吗"的反问句。

Some questions are not used to ask about anything, but to emphasize an affirmative or negative statement. Such questions are called rhetorical questions. The negative rhetorical question expresses an affirmative meaning, whereas the affirmative rhetorical question gives a negative meaning. In this lesson, rhetorical questions using "不是…吗" are introduced.

(1) 你不是说不学完英文课程不要孩子吗?

这句话的意思是说"你"肯定说过这样的话。另如：This sentence implies that "you" said so for sure. Other examples are:

(2) 你不是说上个月回国了吗? 怎么还在北京?
(3) 这件事,我不是告诉你了吗? 怎么你还不知道?
(4) 你不是说要写信吗? 怎么还不写?

由于反问句不是要提问,因此并不需要回答。

As the rhetorical question is not used to ask about anything, no answer is expected.

练 习

1. **讨论题：**
   (1) 小王的学习计划为什么不能完成?
   (2) 恋爱、结婚和学习有没有矛盾?
   (3) 常常原谅自己的结果是什么? 试举例说明。
2. **复述：**
   (1) 请用小王自己的话说说这一课的内容。
   (2) 请用小王爱人的话说说这一课的内容。
3. **熟读下列词语：**
   (1) 找对象,　　　…跟…搞对象,　　给…介绍对象,
   　　 …有对象
   (2) 结过婚,　　　结了婚,　　　　…跟…结婚
   (3) 谈恋爱,　　　搞恋爱,　　　　恋爱了一年多
   (4) 耽误工作,　　耽误学习,　　　耽误计划,　　耽误时间

(5) 逛公园，　　　逛商店，　　　逛马路，　　　逛大街

4. 用汉语解释下列句子
(1) 不自学好英文不找女朋友。
(2) 不能说了话不算数。
(3) 心里总是七上八下的。

5. 用"不但…，而且…"、"虽然…，但是…"、"因为…，所以…"填空：
(1) 衣服_____旧了点儿，_____穿在身上很舒服。
(2) 附近那家旅馆_____干净，_____便宜。
(3) _____他感冒还没有好，_____今天不能上课。
(4) _____叔叔很生气，_____还是同意了大家的提议。
(5) _____天气不好，_____不得不在旅馆多住几天。
(6) 我有一个表妹，_____聪明，_____漂亮。
(7) 我认为谈恋爱_____不会耽误学习，_____会使人加倍努力。
(8) 表哥_____常常出国参加球赛，_____耽误了许多课程。

6. 用指定词语改写下列句子：
(1) 电话打不通，不得不给你写信。（只好）
(2) 今天晚上我一定要完成作业。（无论如何）
(3) 要是你同意，我们就去南方旅行。（如果）
(4) 这件毛衣很贵，而且颜色也不好，我不买了。（再说）
(5) 你让我跟你一起上街，也不问问我有没有时间。（人家）
(6) 别人都去过上海，只有你没去过。（人家）
(7) 小李最近很忙，别去麻烦她。（人家）

7. 将下列句子改为用"不是…吗"的反问句：
(1) 他不想学哲学。

(2) 你说昨天要给我打电话,怎么没打?
(3) 那个人不懂外语,怎么能当翻译?
(4) 他们俩决定明年春天结婚。
(5) 你的计划没有改变。

第五十七课

愚 公 移 山

外国人：在中国，人们常常说"愚公精神"，这是什么意思？
中国人：要了解"愚公精神"的意思，首先要知道"愚公移山"这个寓言。
外国人：你给讲讲，怎么样？
中国人：传说古时候华北有个老人，人们都叫他愚公。
外国人：愚公？中国有姓愚的吗？
中国人：没有。"愚"是"笨"的意思，"公"是"老头儿"的意思。
外国人：哦。
中国人：愚公家门南面有两座大山，又高又大。一天，他把全家人叫到一起，说："这两座山挡在咱们家门口，太不方便了。我想和你们一起把山挖掉，怎么样？"愚公的儿子、孙子们听了都很赞成，只有他的妻子没有信心。她说："老头子啊，你年纪太大了，身体又不好。恐怕连一块石头也挖不动，怎么能挖掉这两座大山呢？再说，那么多的石头运到哪儿去呢？"

外国人：这是个问题。
中国人："有办法，可以把石头运到海里去。"儿子、孙子们回答说。

　　第二天，愚公一家人开始挖山。村里的人知道以后都很感动，也来帮助他们。连七八岁的孩子也来了。愚公高兴极了，说："这么多人一起干，困难再大，也能把这两座山挖掉。"他们不怕苦不怕累，每天从早到晚地挖山。

　　有个老头子叫智叟，——哦，"智叟"是"聪明老头儿"的意思——智叟看见他们在挖山，觉得很可笑，就对愚公说："你这么大年纪，连山上的草都拔不了，怎么能挖掉这两座山呢？"愚公听了笑着说："你还不如一个小孩子。我虽然快死了，但我还有儿子、儿子死了，还有孙子，子子孙孙是没有完的。这两座山很高，可是不会再长高。挖一点儿就会少一点儿。怎么会挖不掉呢？"

外国人：有道理。
中国人：愚公挖山的事感动了上帝。上帝派了两个神仙把两座山搬走了。
外国人：现在我知道了，不管做什么事，遇到困难都不要怕，只要不断地努力，就一定能达到目的，对吗？
中国人：对。在中国，男女老少都知道这个寓言。中国人民常常用这个寓言来鼓励自己，努力工作，努力学习。

外国人：这就是"愚公精神"，我懂了。我们国家也有类似这样的寓言。

生　　词

1.	移	（动）	yí	to remove
2.	精神	（名）	jīngshén	spirit
3.	了解	（动）	liǎojiě	to understand, to find out
4.	首先	（副）	shǒuxiān	first of all
5.	寓言	（名）	yùyán	fable
6.	传说	（动、名）	chuánshuō	it is said that, legend
7.	古	（形）	gǔ	ancient
8.	笨	（名）	bèn	foolish, stupid
9.	老头儿	（名）	lǎotóur	old man
10.	…面		…miàn	…side
11.	全	（形）	quán	whole
12.	挡	（动）	dǎng	to block
13.	挖	（动）	wā	to dig
14.	掉	（动）	diào	away, off
15.	赞成	（动）	zànchéng	to agree
16.	只有	（连）	zhǐyǒu	only
17.	信心	（名）	xìnxīn	confidence
18.	身体	（名）	shēntǐ	body, health
19.	连…也…		lián…yě…	even

20. 石头	（名）	shítou	stone
21. 动	（动）	dòng	to move
22. 运	（动）	yùn	to transport, to ship
23. 海	（名）	hǎi	sea
24. 村子	（名）	cūnzi	village
25. 感动	（动）	gǎndòng	to be moved, to be touched
26. …极了		…jíle	extremely
27. 干	（动）	gàn	to do
28. 困难	（形、名）	kùnnan	difficult, difficulty
29. 苦	（形）	kǔ	hard (ness)
30. 可笑	（形）	kěxiào	ridiculous
31. 草	（名）	cǎo	grass
32. 拔	（动）	bá	to pull out/up
33. 了	（动）	liǎo	to finish (used after another verb to show completion)
34. 死	（动）	sǐ	to die
35. 道理	（名）	dàoli	reason, truth
36. 神仙	（名）	shénxian	celestial being
37. 搬	（动）	bān	to move
38. 不管	（连）	bùguǎn	no matter
39. 只要	（连）	zhǐyào	so long as, provided
40. 不断	（副）	búduàn	unceasingly
41. 达到	（动）	dáodào	to reach

42. 目的	(名)	mùdì		aim, purpose
43. 男	(名)	nán		male
44. 女	(名)	nǔ		female
45. 少	(形)	shào		young
46. 鼓励	(动)	gǔlì		to encourage
47. 人民	(名)	rénmín		people
48. 国家	(名)	guójiā		country, nation
49. 类似	(形)	lèisì		similar
50. 这样	(代)	zhèyàng		such

专　名

1. 愚公	yúgōng		Foolish Old Man
2. 华北	Huáběi		North China
3. 智叟	Zhìsǒu		Wise Old Man

注释：

1. 愚公移山

　　愚公移山的故事出自《列子·汤问》。《列子》传说为春秋时列御寇所撰。

　　The story of "The foolish old man who moved the mountains" appears in the *Tang Wen* chapter of the book *Lie Zi*, which is said to be written by Lie Yukou, a Taoist of the Spring-Autumn Period (770 A. D. －476 A. D.)

2. 华北

　　"华北"指北京、天津两市和河北、山西两省及内蒙古自治区，在自然地理上指长城以南、淮河以北，秦岭以北黄河中下游一带地区。其他地区名有：

华北（North China）includes Beijing, Tianjin, Hebei, Shanxi and the Inner Mongolian Autonomous Region or, in natural geography, the area south of the Great Wall, north of the Qinling Range and the Huaihe River and the middle and lower reaches of the Yellow River. Other regions are:

华中 Central China 指湖北、湖南和江西三省。

华中 includes the provinces of Hubei, Hunan and Jiangxi.

华东 East China 一般指山东、江苏、安徽、浙江、江西、福建、台湾七省和上海市。

Generally, 华东 includes the seven provinces of Shandong, Jiangsu, Anhui, Zhejiang, Jiangxi, Fujian and Taiwan, and the Shanghai Municipality.

华南 South China 一般指广东省和广西壮族自治区。

华南 generally includes Guangdong Province and the Guangxi Zhuang Autonomous Region.

西北 Northwest China 一般指宁夏回族自治区、新疆维吾尔自治区和青海、陕西、甘肃三省。

西北 generally includes the Ningxia Hui Autonomous Region, the Xinjiang Uygur Autonomous Region and the three provinces of Qinghai, Shanxi and Gansu.

西南 Southwest China 一般指四川、云南、贵州三省和西藏自治区。

西南 generally includes Sichuan, Yunnan and Guizhou provinces and the Tibetan Autonomous Region.

中南 Central South China 一般指河南、湖北、湖南、广东四省和广西壮族自治区。

中南 generally includes the four provinces of Henan, Hubei,

Hunan, Guangdong and the Guangxi Zhuang Autonomous Region.

东北 Northeast China 一般指辽宁、吉林、黑龙江三省"。

Generally, 东北 includes Liaoning, Jilin and Heilongjiang provinces.

3．从早到晚

意思是"从早晨到晚上"、整天。

从早到晚 means from morning till night, the whole day.

4．人民

在现代汉语中，"人民"指以劳动群众为主体的社会基本成员，因而不是"人"的复数形式。"人"的复数形式一般可以说是"人们"。

In modern Chinese, 人民 indicates the members of society with the working people as the mainstay, and, therefore it is not the plural form of 人. 人们 is generally considered the plural form of 人.

5．但

"但"的双音节对应词是"但是"。

但 is the monosyllabic counterpart of 但是.

词 语 例 解

1．全

形容词（adj.），作谓语或补语。

As an adjective, 全 functions as predicate or complement.

(1) 上个月的报纸不全了，差两张。

(2) 这个问题你没有回答全。

修饰名词不能带"的"。

的 is not used when 全 modifies a noun.

(3) 全班都赞成这个意见。

副词（adv.），相当于"都"，有时和"都"连用。
The adverb 全 means 都 and is sometimes used together with 都：
（4）北京的公园他全去过了。
（5）英语、法语、日语、汉语他全都能说一些。

2．只有
连词（conj.），表示除此之外没有别的可能，常和"才"连用。
只有, which is often used in coordination with 才, refers to an only possibility.
（1）只有他妻子才会知道他的事儿。
（2）只有你去才能办好这件事。
（3）我们家只有我哥哥一个人抽烟。

3．干
动词（vt.），表示"做"的意思，常用的宾语有"工作"、"事儿"、"活儿"等。
干 means "to do", often taking nouns such as 工作，事儿，活儿，etc. as its object.
（1）今天太累了，什么也不想干了。
（2）明天他们干什么？进城去还是在家休息？
（3）时间到了，开始干活儿吧。
（4）干工作要好好干，不能怕麻烦。

4．不如
动词（vt.），用于比较，表示后者比前者强。
不如 is used in comparing two things, indicating that the latter is better than the former.
（1）这个寓言不如那个寓言有意思。
（2）这本小说还不如那本小说写得好呢。

(3) 我现在的身体大大不如五年以前了。

语　　法

1. 连…都/也

The construction 连…都/也

"连…都/也"结构表示强调,有"甚至"的意思。主要用法如下:

The construction of 连…都/也 is used to give emphasis, like the word "even" and its main usage is as follows:

A. 强调主语:

It may emphasize the subject:

(1) 连一个七八岁的孩子也来了。
(2) 连不会中文的人也能看懂这个电影。

B. 强调宾语:

It may emphasize the object:

强调宾语时,"连…都/也"把宾语提到动词前边。

When the object is emphasized, the 连…那/也 construction transposes the object to the front of the verb.

(3) 你连一块石头也挖不动,怎么能挖掉这两座大山呢?
(4) 你连山上的草都拔不了,怎么能挖掉这两座大山呢?

2. 只要…,就…

The construction 只要…,就…

这也是一个用于复合句的关联结构,"只要…"表示必要的条件,"就…"表示在前面的必要条件下,一定出现的结果。"只要"可用于主语前或主语后。例如:

This is also a correlative construction in compound sentences. 只要… expresses the essential condition and 就… the inevitable outcome under the above mentioned condition. The word 只要 may be used before or after the subject. For example:

(1) 只要我们不断努力,就一定能达到目的。
(1)a 我们只要不断努力,就一定能达到目的。
(2) 只要我们不断地挖,就一定能把山挖掉。
(2)a 我们只要不断地挖,就一定能把山挖掉。

3. "V 得动/V 不动"和"V 得了/V 不了"

Verb phrases V 得动/V 不动 and V 得了/V 不了

动词"动"用在"V 得动/V 不动"结构时,表示 V 的主语或宾语能不能通过动作发生移动。"挖得动石头"就是通过"挖"的动作,"石头"移动,"挖不动"则是相反的意思。我们学过的动词中,常与"动"搭配使用的有:

The verb 动 in the "V 得动/V 不动" phrases expresses that the subject or object of the verb moves or is caused to move through the action. Thus, 挖得动石头 means that 石头 (the object) can be moved through the action 挖; 挖不动 means the opposite. Among the verbs we have learnt, the following can be collocated with 动:

背得/不动	东西太重了,我背不动。
拉得/不动	车上的东西太多,一匹马拉不动。
拿得/不动	这些书有一百多斤,一个人拿不动。
爬得/不动	这座楼有三十多层,他爬了八层就爬不动了。
跑得/不动	他想跑一万米,可是只跑了三千米,就累了,跑不动了。
走得/不动	"这段路有二十多里,你走得动吗?""走得动!"

"了"(liǎo)在"V 得了/V 不了"结构中,常见的有两个意义:

了 (liǎo) in the phrase "V 得了/V 不了" has two meanings which are commonly used:

A. 表示"完"的意思，如：

"了" means "finish", e. g.：

背得/不了		你背得了吗？
吃得/不了		你吃得了吗？
喝得/不了	这么多东西	你喝得了吗？
拿得/不了		你拿得了吗？
用得/不了		你用得了吗？

B. 表示对行为实现的可能性的估计，如：

"了" indicates an estimate of the possibility of realizing an action, e. g.：

丢得/不了	手表我放在书包里了，丢不了。
回答得/不了	这个问题太难了，我回答不了。
交得/不了	这么多作业，明天交不了。
结束得/不了	今天的会要讨论的问题很多，十点钟结束得了吗？
去得/不了	"下星期我们去颐和园，你去得了吗？" "我最近很忙，去不了。"
生产得/不了	这样的汽车，你们厂生产得了吗？
忘得/不了	这件事我已经记在本子上了，忘不了。
下得/不了	车上太挤了，咱们下不了车了。

练 习

1. 讨论题：

(1) 愚公为什么决心把山挖走？

(2) 愚公的妻子和智叟反对愚公有道理吗？

(3) 愚公为什么对挖山很有信心？

(4) 愚公移山的故事对人们有什么教育意义？
(5) 你们国家有类似愚公移山这样的故事吗？你能讲一个吗？

2. 复述：
(1) 请你用愚公的话说说《愚公移山》的故事。
(2) 请你用愚公妻子的话说说《愚公移山》的故事。
(3) 请根据本课内容写一个小话剧，并跟其他同学在课上表演。

3. 熟读下列词语：
(1) 愚公精神，　　发扬愚公移山的精神
(2) 很方便，　方便极了，　方便得很，　不方便，在您方便的时候
(3) 有信心，　　没信心，　　失去信心，　　信心十足，信心百倍
(4) 从早到晚，　从小到老，　从南到北，　从上到下，从古到今

4. 用汉语解释下列词语：
(1) 智叟
(2) 子子孙孙
(3) 男女老少
(4) 类似

5. 将下列地区名填入地图：
华北，华中，华东，华南，西北，西南，中南，东北

6. 用"不如"改写下列句子：
(1) 这件衣服漂亮；那件衣服差点儿。
(2) 火车没有摩托车跑得快。
(3) 去武汉旅行虽然不错，但是去上海更好。
(4) 这种录音机很便宜，那种录音机贵了点。

(5) 我会说汉语，她也会说汉语，但她说得比我流利。
(6) 西单没有王府井热闹。

7. 用"连…都/也…"改写句子，分别强调主语和宾语：
如：他搬得动这些书。
(1) 连他也搬得动这些书。(强调主语)
(2) 他连这些书也搬得动。(强调宾语)
(1) 她能听懂中文广播。
(2) 你忘了我的电话号码了吧？
(3) 见了这位老先生，他不敢说话。
(4) 小王没去过颐和园。
(5) 我没跟这位教授见过面。

8. 用下列词语造句：
(1) 只有
(2) 只要…就…
(3) 怎么能（会）…呢

9. 用"V得/不动"或"V得/不了"结构改写下列句子：
(1) 下雨的时候能照相吗？
(2) 年纪大的人不能走很多路。
(3) 那张桌子很重，你一个人能搬吗？
(4) 他能喝完这瓶酒。
(5) 上课以前，你能回来吗？
(6) 山很高，我太累，不能爬了。
(7) 你们的热情友好，我永远也不会忘。
(8) 今天就买这些吧，再买就没法拿了。

第五十八课

买　　鞋

　　[丈夫起床后，穿好鞋在地上走着。]
妻　子：你走路怎么像小脚女人呀？
丈　夫：鞋小。
妻　子：鞋小，那就去买双合适的吧。
丈　夫：用不着，习惯了就好了。
妻　子：何苦呢。吃了饭去买双大点儿的。
丈　夫：（烦恼）买鞋，怎么买呀？买多大号的？
妻　子：你呀！好吧，（从抽屉里找出一根绳子，量了量）给你这个，就按这个尺寸买。
　　　　[两人下。]
　　　　[鞋店，一女售货员在整理各种鞋。]
　　　　[丈夫上。]
丈　夫：这里有个鞋店，进去看看。
售货员：您买鞋？
丈　夫：买鞋。
售货员：要什么样的？
丈　夫：就要这样的。
售货员：这种鞋很好，很受顾客的欢迎，尤其是中老年人。您试试这双。

〔丈夫试鞋。〕

丈　夫：非常合适，穿着挺舒服。

售货员：就买这双吧。

丈　夫：（忽然在身上找什么）坏了，糟糕。

售货员：怎么了？丢东西了？

丈　夫：（点头）嗯，丢了。

售货员：丢钱了？

丈　夫：（还在找）不。我丢了一根绳子。

售货员：绳子？

丈　夫：我爱人怕我买鞋不知道尺寸，给我用绳子量了个尺寸。

售货员：您不是给自己买鞋吗？

丈　夫：是呀！

售货员：这双鞋您穿着不是挺合适吗？

丈　夫：穿着是合适呀，可不知道跟我那绳子尺寸一样不一样。

售货员：那没问题。绳子的尺寸不就是您脚的大小吗？

丈　夫：当然。绳子的尺寸就是按我的脚量的啊！

售货员：还是的。

丈　夫：什么事都得有个尺寸不是？这鞋我先不买了。

售货员：这……？

丈　夫：我找那根绳子去。

售货员：好吧。

丈　夫：（忽然地）有了，有了。（高兴地从裤腿下面拿

　　　　　出一根绳子）我的裤兜漏了。你比比。
售货员：（一看太短）这么短呀,对吗?
丈　夫：这是买什么的?哦,对了,这是买眼镜的绳
　　　　　子。我再找找。在这儿呢!（又从裤腿下面拽
　　　　　出一根绳子。）你再拿这个比比。
　　　　　[售货员一拉开,绳子有一米多长。]
丈　夫：哟,这是买裤子的。（又从裤腿下面拽出一根
　　　　　绳子）你看看这个。
售货员：这还差不多,（一比）哎哟,这也比您的脚大
　　　　　多了。
丈　夫：大点儿不要紧。
售货员：那您穿着就不合脚了。
丈　夫：不合脚,可它合尺寸呀!
售货员：刚才那双是合脚的。
丈　夫：可它不合尺寸呀!
售货员：我劝您还是不要买这一双。
丈　夫：为什么?
售货员：穿着不合脚呀!
丈　夫：不是说了吗?不合脚合尺寸嘛。
售货员：鞋太大了,穿着不好走路呀!
丈　夫：没关系,习惯了就好了。我就买这双了。（给
　　　　　钱）
　　　　　[售货员包鞋。]
售货员：你要是觉得不合脚还可以来换。
丈　夫：既然是合尺寸的,我才不会来换呢!

生 词

1. 丈夫　　（名）zhàngfu　　husband
2. 穿　　　（动）chuān　　　to wear, to put on
3. 小脚　　（名）xiǎojiǎo (r)　bound feet
4. 呀　　　（助）ya　　　　a modal particle expressing surprise or esteem
5. 何苦　　（副）hékǔ　　　is it worth the trouble, why bother
6. 烦恼　　（形）fánnǎo　　vexed, worried
7. 抽屉　　（名）chōuti　　　drawer
8. 根　　　（量）gēn　　　　a measure word
9. 绳子　　（名）shéngzi　　string, rope
10. 量　　　（量）liáng　　　to measure
11. 按　　　（介）àn　　　　according to
12. 尺寸　　（名）chǐcun　　measurements
13. 售货员　（名）shòuhuòyuán　shop assistant
14. 整理　　（动）zhěnglǐ　　to put in order, to arrange
15. 各　　　（代）gè　　　　every, each
16. 样　　　（名）yàng　　　type, variety
17. 受　　　（动）shòu　　　to receive
18. 顾客　　（名）gùkè　　　customer
19. 尤其　　（副）yóuqí　　　especially

20.	中年	(名) zhōngnián	middle-aged
	老年	(名) lǎonián	old-aged
	少年	(名) shàonián	teen-ager
21.	非常	(副) fēicháng	extraordinarily, very
22.	挺	(副) tǐng	quite
23.	身上	(名) shēnshang	with someone, on one's body
24.	坏	(形) huài	bad
25.	点(头)	(动) diǎn (tóu)	to nod
26.	嗯	(叹) ǹg	an interjection expressing agreement
27.	错	(形) cuò	wrong, mistaken
28.	脚	(名) jiǎo	foot
29.	当然	(副) dāngrán	of course
30.	裤腿	(名) kùtuǐ (r)	trouser legs
31.	裤子	(名) kùzi	trousers
32.	兜	(名) dōur	pocket
33.	漏	(动) lòu	to leak, to be penetrated
34.	眼镜	(名) yǎnjìng	spectacles
35.	拽	(动) zhuài	to drag
36.	差不多	(副) chàbuduō	almost, just about right
37.	哎哟	(叹) āiyō	oh, an interjection expressing surprise, pain, etc.

38. 要紧	（形）yàojǐn	important
	不要紧	bú yàojǐn	it doesn't matter
39. 合	（动）hé	to fit
40. 劝	（动）quàn	to persuade
41. 包	（动）bāo	to wrap

注释：

1. 小脚女人

"小脚"指中国旧社会里妇女缠裹后发育不正常的脚。小脚女人走起路来蹒跚不稳。

小脚 indicates the deformed feet of Chinese women in the old society when foot binding was practiced. Women with bound feet could only totter along.

2. 中老年

"中老年"是"中年"和"老年"的合称形式，其他还可以说：

"中老年" is the contracted form of 中年 and 老年. Other terms of this kind include：

青少年（青年和少年）

中青年（中年和青年）

老中青（老年、中年、青年）

3. 点头

"点头"表示肯定、同意；"摇头"表示否定、不同意。

点头（nodding）means approval, agreement and 摇头（to shake one's head）means disapproval and disagreement.

4. 还是的

"还是的"是口语中的一个说法，表示肯定对方的一个意思，而对他的行为或言语不理解。

还是的（háishìde）is a colloquial expression of agreeing with the other party in conversation but not understanding his behavior or words.

5. 穿、戴

在汉语中，动词"穿"和"戴"分别与不同的名词宾语搭配。

In Chinese, the verbs 穿 and 戴 are used with different noun objects.

穿　　（衣服、鞋、袜子）
戴　　（帽子、手套、围巾、徽章、戒指、手镯、耳环、花儿、手表）

词 语 例 解

1. 怎么

代词（pron.）。

1）询问方式，如：

怎么 is used to ask about manner, for example:

(1) 你们是怎么来的？

2）询问原因，意思是"为什么"，如：

It is used to ask about reason, for example:

(2) 你昨天怎么不来上课？

3）询问状况，可作谓语，如：

It is used as predicate to ask about state of things, for example:

(3) 你怎么了？没看见过你这样高兴。

4）用于句首，表示惊异，如：

It precedes a sentence to express surprise, for example:

(4) 怎么？你不认识这个地方了？

2. 习惯

动词（vt.）。

(1) 我已经习惯这儿的气候了。

(2) 太早睡觉我不习惯。

名词（n.）。

(3) 老张有很多好习惯：不抽烟、不喝酒、不多吃、不少睡。

(4) 我们两个人的生活习惯不一样，我喜欢吃米饭，他喜欢吃馒头。

3. 尤其

副词（adv.）。

(1) 他表哥喜欢运动，尤其喜欢踢足球。

(2) 大家要注意听、说、读、写练习，尤其是听、说练习。

(3) 这几种鞋都不错，尤其是这种，很受学生的欢迎。

4. 差不多

形容词（adj.）。

(1) 这两个学校学生差不多。

(2) 你弟弟跟你长得差不多。

副词（adv.）。

(3) 我等了他差不多一个小时了，我不想等了。

(4) 王教授才四十五岁，可是头发差不多全白了。

语　　法

1. 既然…，就…

The construction 既然…，就…

在这个复句结构中，"既然…"说明一个事实，"就…"说明根据前面事实做出的主观推断，如：

This construction means "considering the fact that…". "既然…" introduces a fact and "就…" shows a **subjective inference** drawn from the fact mentioned above, for example:
(1) 既然您是给自己买鞋，就可以不用尺寸了。
(2) 既然他不愿意去，就别让他去了。

2. V 得着/V 不着

The verb phrase V 得着/V 不着

动词"着"(zháo) 本来是"接触"的意思，引申意义是达到目的、产生结果或影响。用于表示可能性的"V 得着/V 不着"中，"着"可能是本义，也可能是引申义，如：

The verb 着 (zháo) means, originally, "to touch" and has the extended meaning of "achieving the aim, yielding a result or effect." In the phrase "V 得着/V 不着" which expresses potentiality, 着 may be used in its original meaning or in the extended meaning, for example:

擦	擦得/不着	那块玻璃太高了，擦不着。
猜	猜得/不着	这个谜语（riddle）太难了，猜不着。
吃	吃得/不着	饭馆关门了，咱们吃不着饭了。
打	打得/不着	附近连一个人、一所房子也没有，打不着电话。
喝	喝得/不着	冷饮店关门了，喝不着汽水了。
叫	叫得/不着	这个地方离城里太远，叫不着出租汽车。
借	借得/不着	这本书借的人很多，大概借不着了。
看	看得/不着	剧团已经离开上海了，看不着他们的演出了。
买	买得/不着	这种表是一九五八年生产的，现在买不着了。
睡	睡得/不着	今天夜里真热，睡不着觉。

听　听得/不着　咱们说了三个钟头的话，听不着音乐了。
找　找得/不着　我的绳子找不着了。

练　习

1. 讨论题：
(1) 故事里的丈夫看来很笨，他笨在哪里？
(2) 他的妻子聪明吗？
(3) 你认为这位售货员的服务态度怎么样？
(4) 这个故事想告诉我们什么？

2. 复述
(1) 把这个话剧改成一个故事。
(2) 如果话剧里的丈夫从商店回到家里，他会怎样向妻子说他买鞋的情况？
(3) "丈夫"从鞋店走了以后，售货员给她朋友讲这件事。

3. 熟读下列词语：
(1) 量尺寸，　量大小，　量长短，　量高矮，
　　量深浅，　量肥瘦，　量粗细
(2) 欢迎…代表团来我国访问，　向…表示热烈欢迎，
　　…很受欢迎
(3) 中老年，　青少年，　中青年，　老中青
(4) 差不多，　差得多，　差（一）点儿，　差不了多少

4. 用"什么"、"怎么"填空：
(1) 请问，去友谊商店_____走？
(2) 我不知道这个练习_____做。
(3) 这几天天气_____这么冷？
(4) 大家都不知道他说的是_____文。
(5) _____，你还没走？
(6) 最近不知道_____了，常常睡不好觉。

(7) 她今天上街＿＿＿＿也没买。
(8) 不管你＿＿＿＿说，我就是＿＿＿＿药也不吃。

5．用下列词语造句：
(1) 习惯
(2) 差不多
(3) 尤其
(4) 既然…就…

6．用"V 得/不着"结构完成下列句子：
(1) 晚上我喝了很多茶，＿＿＿＿。
(2) 打球的时候他总是＿＿＿＿。
(3) 你让我猜她的年纪，对不起，＿＿＿＿。
(4) 剧场的票还有很多，＿＿＿＿。
(5) 昨天我丢的钥匙今天＿＿＿＿。
(6) 那本画报在书柜顶上，＿＿＿＿。
(7) 我坐在礼堂后排座位上，连报告人是什么样儿也＿＿＿＿。
(8) 看京剧的时候一个戴帽子的高个儿坐在我前排＿＿＿＿。

7．用"穿"和"戴"填空：

小陈结婚那天天气很冷。早晨，小陈一起床，看了看＿＿＿在手上的新表。哟，已经九点一刻了！可是婚礼定在十点钟举行。她急急忙忙对着镜子，把新郎给她买的手镯、耳环＿＿＿上，再＿＿＿上最漂亮的衣服、裙子和高跟鞋，又在胸前＿＿＿上一朵鲜艳的红花，然后，＿＿＿上手套、围巾和帽子就出门了。婚礼在礼堂里举行，小陈觉得脚很冷。她低头一看，你猜怎么啦？她忘了＿＿＿袜子了。

第五十九课

春　节

　　春节是中国的农历新年,是中国最大的传统节日,已有几千年的历史了。
　　春节是怎么来的呢？传说古时候有一种非常凶恶的动物叫做"年",每到腊月三十日就出来吃人。一次,"年"来到了一个村子,正遇见孩子们在甩鞭子,"年"听到"啪"、"啪"的声音,赶快就跑了。"年"到了另一个村子,看到一家门口晒着红衣服,又吓跑了。"年"跑到第三个村子,看见火,又被火吓跑了。从此,人们知道"年"怕"响"、怕"红"、怕"火",于是每到腊月三十日,家家户户就放鞭炮,贴春联,挂红灯。这就是过年。这种习俗一直流传到今天。有"年"这种动物吗？当然没有。人们在新的一年开始的时候,庆祝一下,主要是表示人们希望在新的一年里,生活会更加美好。
　　现在庆祝春节的传统活动大概有这样一些内容：
　　首先,腊月三十日以前,人们要把家里扫得干干净净。家家要买过年吃的用的各种东西,写春联,给孩子们做新衣服。在外地工作的人都要回家过年。

三十那天，也叫除夕，家家门口贴上大红春联，春联上写的内容都是一些吉利的话。晚上一家人在一起吃团圆饭，也叫年夜饭。晚饭以后，一家老小高高兴兴地一起送旧年，迎新年。

从正月初一到初三，全国放假休息三天，人们互相拜年。无论在家里还是在路上，大家见面的时候，都要互相祝贺，说些吉利的话。

初一北方人吃饺子，南方人吃年糕。夜里十一点到凌晨一点，古时候叫作"子时"。"饺子"、"交子"发音差不多，意思是新年和旧年在子时交替。这就是北方人过年要吃饺子的原因。"年糕"跟"年高"的发音一样。"年高"就是"年年高"，"一年比一年好"的意思。

放鞭炮也是春节的传统习俗之一。节日里，噼里啪啦的鞭炮声可以增加欢乐高兴的气氛，尤其是孩子们，更是兴高采烈。

春节的庆祝活动一般要到正月十五日元宵节才全部结束。因为元宵节以后，天气慢慢暖和起来，春耕就要开始，人们也都忙起来了。

生　词

1. 凶恶　　（形）xiōng'è　　fierce
2. 动物　　（名）dòngwù　　animal, beast
3. 腊月　　（名）làyuè　　the 12th month of the lunar year

4. 们	(尾)	men	a plural suffix used with pronouns or nouns of personal reference
5. 甩	(动)	shuǎi	to swing, to crack (a whip)
6. 鞭子	(名)	biānzi	whip
7. 啪	(象声)	pā	bang!
8. 赶快	(副)	gǎnkuài	quickly; hurriedly
9. 晒	(动)	shài	to dry in the sun
10. 火	(名)	huǒ	fire
11. 从此	(副)	cóngcǐ	from then on
12. 于是	(连)	yúshì	thereupon, as a result
13. 户	(名)	hù	household
14. 放	(动)	fàng	to set off
15. 鞭炮	(名)	biānpào	firecrackers
16. 春联	(名)	chūnlián(r)	Spring Festival couplets pasted on gateposts
17. 灯	(名)	dēng	lantern, lamp
18. 过年		guò nián	to celebrate the New Year
19. 习俗	(名)	xísú	customs
20. 流传	(动)	liúchuán	(of legend, custom, etc.) to spread
21. 庆祝	(动)	qìngzhù	to celebrate
22. 表示	(动)	biǎoshì	to show

23. 希望	(动)	xīwàng	to hope
24. 更加	(副)	gèngjiā	more (adv.)
25. 美好	(形)	měihǎo	happy
26. 活动	(名)	huódòng	activity
27. 些	(量)	xiē	some, a plural measure word
一些		yìxiē	some
这些		zhèxiē	these
那些		nàxiē	those
哪些		nǎxiē	which
28. 内容	(名)	nèiróng	content
29. 外地	(名)	wàidì	parts of the country other than where one is
30. 除夕	(名)	chúxī	New Year's Eve
31. 吉利	(形)	jílì	lucky
32. 团圆	(动)	tuányuán	family reunion
33. 夜	(名)	yè	night
34. 旧	(形)	jiù	old, past
35. 迎(接)	(动)	yíng (jiē)	to welcome
36. 正月	(名)	zhēngyuè	the first month of the lunar year
37. 初(一)	(头)	chū (yī)	a prefix used with the numerals 1-10 to indicate the first 10 days of a lunar month

38.	拜年		bài nián	to pay a New Year visit
39.	无论	（连）	wúlùn	whether…or…
40.	年糕	（名）	niángāo	glutinous rice cake
41.	子时	（名）	zǐshí	the period of a day from 11 p.m. to 1 a.m.
42.	交替	（动）	jiāotì	to replace
43.	发音	（名）	fāyīn	pronunciation
44.	原因	（名）	yuányīn	reason
45.	…之一		…zhīyī	one of…
46.	噼里啪啦	（象声）	pīlipālā	to crackle
47.	欢乐	（形）	huānlè	joyous
48.	气氛	（名）	qìfen	atmosphere
49.	兴高采烈	（形）	xìnggāocǎiliè	buoyant with joy
50.	全部	（名）	quánbù	all (n.)
51.	春耕	（名）	chūngēng	spring ploughing

专　名

春节	Chūn Jié	Spring Festival
元宵节	Yuánxiāo Jié	Lantern Festival

注释：

1. 农历

指中国的历法，相传始于夏代（前2140——前1711），平年十二个月，大月三十天，小月二十九天，全年三百五十四天或三百五十五天。农历十二个月的名称是：

农历 is the traditional Chinese lunar calendar which is said to have started from the Xia period (2140B.C. – 1711B.C.). There are 12 months in an ordinary year. The long months have 30 days and the short ones 29 days. A year has 354 or 355 days. The names of the 12 months are:

正月（Zhēngyuè）、二月、三月、四月、五月、六月、七月、八月、九月、十月、十一月（冬月）、十二月（腊月 Làyuè）

每个月的前十天用"初"表示：

The first ten days of a month are indicated by 初（chū）：

初一、初二、初三、初四、初五、初六、初七、初八、初九、初十

自十一日以后，与阳历叫法一样。

From the eleventh day on the dates are named in the same way as those in a solar month.

2. 子时

古时用十二地支表示时间，一昼夜分十二个"时辰"，每个时辰两个小时，"子时"是第一个时辰。

In the ancient times, the twelve earthly branches were adopted to refer to the time of a day. There are twelve "periods" in a day, each being two hours and 子时 is the first "period".

子时	23:00—01:00	午时	11:00—13:00
丑时	01:00—03:00	未时	13:00—15:00
寅时	03:00—05:00	申时	15:00—17:00
卯时	05:00—07:00	酉时	17:00—19:00
辰时	07:00—09:00	戌时	19:00—21:00
巳时	09:00—11:00	亥时	21:00—23:00

3. 元宵节

元宵节是中国的一个传统节日，在农历正月十五。从唐代（618——907）起，在这一天夜晚就有观灯的习俗，所以也叫灯

节。

元宵节 is a traditional festival in China which falls on the fifteenth of the first lunar month. As there has been, since the Tang Dynasty (618 - 907), the custom of displaying decorated lanterns, 元宵节 is also known as the "Lantern Festival".

4. 起来

这里"起来"是"开始并继续"的意思。

Here 起来 means 开始并继续(begin doing sth.)

词 语 例 解

1. 一直

副词（adv.），表示顺着一个方向。

一直 means "extending continuously in the same direction without curving".

（1）从这儿一直往西走，就到清华大学了。

（2）你一直走，前面就是小卖部。

表示动作或状态持续不变。

It also means that an action or state happens continuously.

（3）大雨一直下了两天，现在哪儿都是水。

（4）我一直在等我侄子的电话。

2. 当然

形容词（adj.），作谓语时，"当然"常和"是…的"连用。

As predicate, 当然 is often used in combination with 是…的。

（1）你做得不对，大家对你有意见是当然的。

副词（adv.）。

（2）不努力学习当然考不好。

（3）当然，你不应该跟他生气。

3. 大概

形容词（adj.），不作谓语。
Note that the adjective 大概 is never used as predicate.
(1) 下午我给新同学介绍学校的大概情况。
副词（adv.）。
(2) 九点半了，比赛大概完了。
(3) 我大概明年六月回国。
(4) 大概七八百年以前就有这种习俗了。

4. 之一
(1) 颐和园是北京有名的公园之一。
(2) 他是我们班学得最好的同学之一。

5. 一般
形容词（adj.）。
(1) 他和你一般大。
(2) 一般的书店都有这种书。
(3) 这个电影很一般，没有什么意思，可以看也可以不看。
(4) 一般地说，北京的冬天不太冷。
(5) 他一般八点回到家，你再等他一会儿。

语　　法

1. 无论…，都…

"无论…，都…"的常见用法如下：
"无论…，都…" is commonly used in the following ways:
A. 无论 A 还是 B，都…
(1) 无论你去还是他去，都要谈谈这个问题。
(2) 无论你去还是不去，都要先告诉我。
(3) 无论（是）你还是他，都不应该这样说。
B. 无论 + 谁（什么、怎么样…）+ VP，都…

(4) 无论谁去,都必须做好准备。
(5) 无论什么课,他都学得很好。
(6) 无论我怎么说,他都不听。

2. 一年比一年

"一 + 量词 + 比 + 一 + 量词"在句中作状语。

"一 + measure word + 比 + 一 + measure word" is used as adverbial.

一年比一年　　我们的生活一年比一年好。
一天比一天　　他现在身体一天比一天好了。
一家比一家　　附近的房子一家比一家漂亮。

练　习

1. 讨论题:
(1) 谈谈春节的来历。
(2) 谈谈春节有哪些传统活动。
(3) 春节时中国北方人吃饺子,南方人吃年糕,为什么?
(4) 介绍你们国家的一个传统节日。

2. 复述:
(1) 假设你被邀请到一个中国人家里过春节,你说说当时的情况。
(2) 你请一位老人介绍过春节的情况。
(3) 你让一个小学生说他们家过春节的情况。

3. 熟读下列词语:
(1) 传统节日　传统文化　传统习俗　传统工艺品
(2) 家家户户　老老少少　男男女女　山山水水
　　日日夜夜　分分秒秒
(3) 干干净净　清清楚楚　舒舒服服　暖暖和和

普普通通　高高兴兴
（4）互相拜年　给…拜年
（5）祝贺新年　祝贺您节日愉快　祝贺您生日快乐
　　　祝贺您取得成功

4．**用"无论…都…"结构改写下列句子：**
（1）我不会说德语，也不会说西班牙语。
（2）明天天气好，或者天气不好，我们都去参观故宫。
（3）饺子和年糕她都爱吃。
（4）只要是球赛他都想看。
（5）不管有多忙，春节她一定回家吃团圆饭。
（6）星期日我要在家休息，什么人来敲门我都不开。
（7）我想了各种办法，还是买不到那种词典。
（8）不管你说什么，我都不会相信。

5．**用下列词语造句：**
（1）一个比一个　　　　（6）大概
（2）一次比一次　　　　（7）之一
（3）一件比一件　　　　（8）当然
（4）一辆比一辆　　　　（9）一般
（5）一直

第六十课

一 封 信

明哥：

你好。

三月五日的信收到了。今天的作业不多，下午就做完了。晚上没有什么事，给你写封信。

我们已经开学三个星期了。这学期的课程跟上学期一样，每星期也是二十八节课。

上星期我们到农村搞社会调查。我们去的村子不大，人口虽然只有两千多人，可是九十岁以上的老人就有四个。这次我们除了调查村里农业生产和几年来农民生活变化的情况以外，还调查了几位长寿老人的情况。

有一位叫刘大海的老人，今年九十八岁。我们问他怎样才能做到长寿，他说有三条要是能做到，谁都能长寿。第一，坚持参加生产劳动。他从十六岁起到九十六岁一直参加劳动。用他自己的话来说叫作"八十年身不离土，手不离锄"。第二，不抽烟，不喝酒，少吃肉，饭菜多样化。他说，一天两天这样，容易；要做到什么时候都这样，很困难。比如每年过生日，家里人、亲戚、朋友都要送礼，好烟、好酒、好吃的东西，他什么都不动。第三，要有乐观的情绪，不生气，不吵架。俗话说"笑一笑，十年少；愁一愁，白了头。"大概就是这个意思吧。老人还告诉我们，他刚检查过身体。除了眼睛和耳朵不太好以外，什么地方都没问题。

　　古人说"人生七十古来稀"，但是现在哪儿都可以见到七八十岁的老人。看来，随着社会的进步，生活水平的不断提高，一个人活到七八十岁已经不是什么问题了。明哥，你是研究人口问题的，对人的长寿问题，是不是也有兴趣呢？

　　来北京半年多了，我的身体不错，从上个月开始，我每天锻炼身体，早上跑步，下午学打太极拳。这几天天气比较暖和，大概冬天很快就要过去了。据说今年北京的冬天比去年冷，但雪下得不多。我怎么也不习惯这种干燥的气候。我希望春天早点儿到来。

　　暑假你有什么计划？我打算回家。还记得去年夏天我们一起到四川旅行的情景吗？今年咱们是不是还一起去旅行啊？

　　就写这些吧。等着你的回信。

　　祝
身体健康！

冬　梅
三月十日

　　寄上几张照片。这是去年秋天刚到北京时在颐和园和北海公园照的。

生　词

1.	日	（名）rì	date
2.	收	（动）shōu	to receive, to accept
3.	开学	kāi xué	new term begins
4.	农村	（名）nóngcūn	countryside
5.	搞	（动）gǎo	to do, to make
6.	社会	（名）shèhuì	society
7.	调查	（名、动）diàochá	investigation, to investigate
8.	以上	（名）yǐshàng	above
9.	农业	（名）nóngyè	agriculture
10.	…来	lái	since
11.	农民	（名）nóngmín	farmer, peasant
12.	变化	（名、动）biànhuà	change, to change
13.	长寿	（名、动）chángshòu	long life
14.	经验	（名）jīngyàn	experience
15.	坚持	（动）jiānchí	to persist in
16.	参加	（动）cānjiā	to take part in, to join
17.	劳动	（动）láodòng	to work, to do manual labour
18.	用…的话来说	yòng…de huà lái shuō	in the words of
19.	锄	（名）chú	hoe
20.	多样化	（动）duōyànghuà	varied

21.	亲戚	（名）	qīnqi	relatives
22.	乐观	（形）	lèguān	optimistic
23.	情绪	（名）	qíngxù	feeling, mood
24.	吵架		chǎo jià	to quarrel
25.	俗话	（名）	súhuà	saying
26.	愁	（形）	chóu	worried
27.	检查	（动）	jiǎnchá	to examine, to inspect
28.	人生七十古来稀		rén shēng qīshí gǔ lái xī	men of seventy have been rare from of old
29.	看来		kànlái	It seems…
30.	随着		suízhe	along with, in pace with
31.	进步	（名、动）	jìnbù	progress
32.	水平	（名）	shuǐpíng	level
33.	提高	（动）	tígāo	to raise, to improve
34.	活	（动）	huó	to live
35.	研究	（动）	yánjiū	to study, to research
36.	跑步		pǎo bù	to run
37.	冬天	（名）	dōngtiān	winter
38.	据说		jù shuō	it is said that…
39.	暑假	（名）	shǔjià	summer vocation
40.	打算	（动）	dǎsuàn	to plan
41.	记得	（动）	jìde	to remember
42.	夏天	（名）	xiàtiān	summer
43.	情景	（名）	qíngjǐng	scene
44.	祝	（动）	zhù	to wish

45. 健康	（形）	jiànkāng	healthy
46. 照片	（名）	zhàopiàn	photograph
47. 秋天	（名）	qiūtiān	autumn

专　名

1. 明		Míng	given name or a character in the given name of a person
2. 四川		Sìchuān	a province in southwest China
3. 冬梅		Dōngméi	given name of a girl
4. 北海公园		Běihǎi Gōngyán	The Beihai Park (the largest park in the inner city of Beijing)

注释：

1. 明哥

在给亲属写信时，信的开头常用的称呼是：

When writing to kin, the usual forms of address used at the beginning are：

A. 用表示对方与自己关系的称呼：

Use kinship terms：

父亲、母亲、哥哥、姐姐…

B. 用对方的名字（但晚辈给长辈写信不能这样用）：

Use the given name of the addressee (but this is not used to address one's elders).

明、冬梅、正生、…

C. 前两种方法结合：

Combine A and B:

明哥、冬梅妹、…

给朋友、同事等一般关系的人写信，可以用名字，也可以用"××同志"、"××先生"等。公文信件中可用"姓和/或名＋职务"，如"×部长"、"××院长"等。

To write to a person other than a relative, such as a friend, a colleague, etc., we may use his/her name, or "××同志"、"××先生", etc.. In business letters, we use the addressee's family name and/or given name plus his title, e. g. ×部长, ××院长, etc..

在中文信件中，特别在公文信件中，一般不用"亲爱的"之类的字眼。在外交信件中，有时用"尊敬的"等。

In Chinese letters, espcially in business letters, words like 亲爱的（dear）, etc. are usually not used. In diplomatic letters, sometimes the word 尊敬的（revered）is used.

注意，在称呼后面用冒号，而不用逗号。

Note that following the form of address a colon is used, but not a comma.

2. 冬梅

在信的末尾，可以只简单地署上自己的名字，也可以加上说明自己与收信人关系的称呼。在名字后面，还可以写上"上"，表示对收信人的尊敬，如：

At the end of a letter, the sender may simply sign his/her given name or add the kinship term showing his/her relation to the addressee. Following the given name, the verb 上 may be used to express respect for the addressee. Here is an example:

>   妹
>   冬梅 上
>   年　月　日

但长辈给晚辈写信,只写"父亲"、"母亲"等表示与收信人关系的称呼,不必写名字。

But if the addressee is one of the younger generation, only the kinship term (such as 父亲, 母亲, etc.) showing the relation between the sender and the addressee is needed.

给除亲友以外的人写信,也可署上自己的全名。

When writing to some one other than a relative or friend, the sender may sign his/her full name.

词语例解

1. 搞

动词(vt.),可用来代替很多动词,其意义取决于上下文。主要的有如下几种:

The verb 搞 may be used as a substitute for various verbs, so its meaning depends on the context. Following are some verbs which are usually substituted by 搞:

干、做

(1) 他工作搞得很好,大家很满意。

从事

(2) 他是搞建筑的,他哥哥是搞翻译的。

得到

(3) 你搞到明天篮球赛的票了吗?

2. 看来

用作插入语。

看来 is used as a parenthesis：

(1) 他的病看来问题不大。

(2) 看来你对人口问题很有研究。

3. 随

动词（vt.），常带"着"，和宾语在句中作状语。

随 is often used in the adverb phrase "随着 + object"．

(1) 他们俩随代表团出国了。

(2) 随着汉语水平的提高，我们已经能听懂一些中文广播了。

(3) 随着社会的进步，人们的有些生活习惯也在变化。

4. 比较

动词（vt.）

(1) 你比较一下这两本书，哪一本写得好。

副词（adv.），没有否定式。

The adverb 比较 has no negative form.

(2) 今天比较暖和，你不要穿大衣了。

(3) 我比较喜欢喝咖啡，我妻子比较喜欢喝茶。

5. 打算

名词（n.）

(1) 他有他的打算，我有我的打算，各人干各人的。

动词（vt.）

(2) 你打算怎么办？同意去还是不同意去？

(3) 我打算暑假去南方农村搞一点社会调查。

语　　法

疑问代词的引申意义　（1）

The extended meanings of interrogative pronouns (1)

疑问代词有引申意义，本课介绍的是疑问代词表示任指：
Chinese interrogative pronouns have extended meanings. In this lesson, we introduce one of them, i. e. the interrogative pronouns express the meaning of "any":

谁	anybody, anyone	谁都能长寿。
什么	anything	他什么都不动。
什么时候	anytime	什么时候都这样。
什么地方	anywhere, any place	什么地方都没问题。
哪儿	anywhere	哪儿都可以见到七八十岁的老人。
怎么	anyway, however	我怎么也不习惯这种干燥的气候。

疑问代词作宾语，可提到动词前边或句首，如：
Interrogative pronouns used as objects should be transposed to the front of the verb or to the beginning of the sentence, for example:

在这儿我谁都不认识。
别问他，他什么都不知道。
你去哪儿？哪儿我也不去。

如疑问代词作宾语的定语，，则连同宾语一起移到动词前面：
If the interrogative pronouns function as the attributives of the object, the whole object phrase should be transposed.

你喜欢什么地方？我什么地方都不喜欢。
你要哪个本子？我哪个本子都不要。

注意，在使用引申意义的疑问代词的句子中，常有"都"、"也"与之配合。
Note that 都 or 也 is often used with the interrogative pronouns in this extended meaning.

练 习

1. 讨论题：
   (1) 刘大海老人的三条长寿经验是什么？
   (2) 除了这三条经验以外，你认为长寿还需要什么条件？
   (3) 说说中国人写信和你们国家的人写信在格式上有什么不同。

2. 复述
   (1) 冬梅的日记："今天我给明哥写了封信，我告诉他，……"
   (2) 明哥的日记："今天我收到冬梅的信，她在信里说……"
   (3) 刘大海老人的话："今天我们村来了一些大学生，……"

3. 熟读下列词语：
   (1) 社会调查， 人口调查， 经济调查， 健康调查，调查…情况，调查…问题
   (2) 参加劳动， 参加工作， 参加大会， 参加比赛，参加活动
   (3) 生活水平， 文化水平， 教育水平， 工业水平，艺术水平， 外语水平， 健康水平
   (4) 对…（不）习惯， （不）习惯…，…是好（坏）习惯

4. 用汉语解释下列句子：
   (1) 身不离土，手不离锄。
   (2) 笑一笑，十年少；愁一愁，白了头。
   (3) 人生七十古来稀。
   (4) 多样化

5. 用疑问代词改写下列句子：
   (1) 每个人都得去医务所检查身体。
   (2) 这儿从早到晚都很热闹。
   (3) 他今天病了，干的、稀的都不想吃。

(4) 我想了很长时间，还是想不起来她叫什么名字。
(5) 春天到了，公园里到处都能听到孩子们的笑声。
(6) 我买的每一本书他都看过。
(7) 只要是电影他都爱看。
(8) 这些邮票都很漂亮。

6. 用下列词语造句：
   (1) 比较
   (2) 随着
   (3) 看来
   (4) 打算

7. 用中文给家里人或朋友写一封信。

第六十一课

哎呀，我真傻！

"哎，书呆子，给你介绍个对象怎么样？"在星期六下班的路上，厂团委书记王娟忽然问我。我忙说："我得考虑考虑。""还考虑什么，行不行一见面就知道了。就这样定了，明天上午十点，劳动人民文化宫门口儿见！"尽管她说得很利索，脸还是有些红；也难怪，虽然她是厂里的团委书记，领导几百个团员，可毕竟是一个比我小两岁，还没有搞对象的姑娘啊！

王娟走了以后，不知道怎么回事，我心里一直在想：多好的同志啊，在我搞革新的这几年里，她好像总是和我的工作联系在一起。有了困难，她鼓励我；有了成绩，她祝贺我；我骄傲了，她批评我。有一次，我在厂里工作到深夜，她从家里给我拿来一饭盒儿面条，里面还有两个鸡蛋呢。

妈妈平时总叨唠我找对象的事，这次听说有人要给我介绍，高兴得一夜都没睡好，早上六点钟就把我从床上叫起来，让我试这件衣服，又穿那条裤子，简直不知道怎样打扮我好了。刚九点多一点就催我出门。其实，从我家骑自行车到文化宫用不了二十分钟。

我站在文化宫门口儿，第一次和一个不认识的姑娘见面，心里真有点紧张。

"喂，来得真早啊！"王娟忽然从后边什么地方走了出来，但是只有一个人。我想："人家可能在里边儿等着呢！"我们进了文化宫，一边走一边聊起来。

"你要找个什么样的人？"王娟问我。我想了想，回答说："我觉得人长得美不美倒是次要的，主要是要在生活上有共同语言。"

"你的共同语言是什么？也要一个像你一样的书呆子？"

"我！……我！"我不知道怎样说才好。

"你真傻！"她笑了，"会工作的人，也应该会生活啊！"

就这样，我们一边走一边聊，谈到了生活、工作、理想，越谈越投机。

我忽然想起了什么，一看表："哎呀！都十一点了，你介绍的人呢？"

王娟站在那儿，看着我，只是微笑，并不着急，过了一会儿，她才慢慢儿地说："你……真傻！"

这时，我才发现：平时在厂里她总是穿一身蓝。今天却变了样，上边儿穿着一件漂亮的衬衫，下边儿穿着一条鲜艳的花裙子。一双大眼睛里闪耀着光芒。我心里一热："哎呀，我真傻！"

[据原寅平原作改写]

生 词

1. 哎呀　　（叹）āiyā　　an interjection expressing surprise, sudden realization, etc.
2. 书呆子　（名）shūdāizi　book worm
3. 团委　　（名）tuánwěi　the Youth League Committee
4. 书记　　（名）shūjì　secretary
5. 考虑　　（动）kǎolǜ　to consider
6. 定　　　（动）dìng　to settle, to fix
7. 文化　　（名）wénhuà　culture
8. 宫　　　（名）gōng　palace
9. 尽管　　（连）jǐnguǎn　in spite of
10. 利索　　（形）lìsuo　agile, quick and distinct
11. 难怪　　（副）nánguài　no wonder, understandable
12. 领导　　（动、名）lǐngdǎo　to lead, leadership, leader
13. 团员　　（名）tuányuán　member of a league, delegation, etc.
14. 毕竟　　（副）bìjìng　after all
15. 心　　　（名）xīn　heart
16. 革新　　（动）géxīn　innovation
17. 好像　　（动）hǎoxiàng　as if

18.	联系	(动、名) liánxì	to link, to contact
19.	成绩	(名) chéngjī	achievement
20.	骄傲	(形) jiāo'ào	proud
21.	批评	(动) pīpíng	to criticize
22.	深夜	(名) shēnyè	late at night
23.	饭盒儿	(名) fànhér	lunch box
24.	面条	(名) miàntiáor	noodles
25.	鸡蛋	(名) jīdàn	hen egg
26.	叨唠	(动) dāolao	to fuss about
27.	简直	(副) jiǎnzhí	simply
28.	打扮	(动) dǎbàn	to dress up
29.	催	(动) cuī	to urge
30.	骑	(动) qí	to ride
31.	自行车	(名) zìxíngchē	bicycle
32.	紧张	(形) jǐnzhāng	nervous
33.	聊	(动) liáo	to chat
34.	美	(形) měi	beautiful
35.	次要	(形) cìyào	secondary
36.	共同	(形) gòngtóng	common
37.	语言	(名) yǔyán	language
38.	怎样	(代) zěnyàng	how
39.	理想	(名、形) lǐxiǎng	ideal
40.	越…越…		yuè…yuè…	the more…the more…
41.	投机	(形) tóujī	congenial
42.	微笑	(动) wēixiào	to smile

43. 并	（副）	bìng	an emphatic adverb of negation
44. 过	（动）	guò	to pass
45.（一）身	（量）	yì shēn	a suit of…
46. 鲜艳	（形）	xiānyàn	bright-coloured
47. 花裙子		huā qúnzi	multicoloured skirt
48. 闪耀	（动）	shǎnyào	to flash with
49. 光芒	（名）	guāngmáng	light

专　名

| 王娟 | Wáng Juān | a girl's name |

注释：

1. 团委书记

"团"指中国共产主义青年团，简称共青团。共青团各级组织的名称如下：

团 refers to 中国共产主义青年团（the Chinese Communist Youth League）which is abbreviated to 共青团. The names of organizations at various levels of the League are as follows：

共青团中央委员会	团中央
共青团××省委员会	团省委（省团委）
共青团××市委员会	团市委（市团委）
共青团××县委员会	县团委
共青团××大学委员会	校团委
共青团××学院（医院）委员会	院团委
共青团××工厂委员会	厂团委

"团委"下设"总支部"，也称团总支；"团总支"下设"支

部",也称团支部。

There are general branches under 团委, usually called 团总支, and under 团总支 there are branches（团支部）.

各级团委、团总支、团支部设书记,分别称为团委书记、团总支书记、团支部书记（团支书）.

团委、团总支、团支部 have 书记（secretary）who are called respectively 团委书记,团总支书记,团支部书记（团支书）.

2. 劳动人民文化宫

劳动人民文化宫在北京市中心天安门的东侧,原是明清两代的太庙。

劳动人民文化宫（The Cultural Palace of the Working People）, which is located to the east of Tian'anmen in the center of the city proper of Beijing, was formerly the Imperial Ancestral Temple in the Ming and Qing Dynasties.

3. 一饭盒面条、一身蓝

汉语中表示容器之类的名词可以借用为量词。我们学过的名词中,常做借用量词的有:

In Chinese, terms for containers and the like may function as measure words. Among the nouns we have covered, the following are often used this way:

车	两车菜
柜子	一柜子衣服
壶	一壶水
勺（子）	两勺（子）米饭
屋子	一屋子人
箱子	两箱子书

词 语 例 解

1. 难怪

副词（adv.），表示醒悟，前后常有说明原因的小句。

难怪 means "no wonder" and the context often explains the realization.

(1) 难怪屋子里这么干净，昨天他们打扫了。
(2) 箱子里只有几件衣服，难怪不太重。

用作谓语的"难怪"是"难+怪"，意思是很难责怪。

难怪 also means "not to blame" used as predicate.

(3) 搞错了也难怪，他没有搞过嘛。

2. 简直

副词（adv.），常用来强调某种情况达到很高的程度，含有夸张语气。

简直 is an adverb which carries a tone of exaggeration, emphasizing that something has reached a high degree.

(1) 这两年你变化太大了，简直叫人不认识了。
(2) 这个地方简直太美了，比公园都好。
(3) 他进步这样快，我简直连想都不敢想。

3. 不知（道）…好

表示在一件事情面前一时想不出办法，或拿不定主意。在"不知（道）"后面有疑问词"怎么"、"什么"、"哪儿"等。"好"前还可以加"才"。

It means that one cannot think of a settlement or decision. 不知（道）is followed by interrogative pronouns like 怎么, 什么, 哪儿, etc. and 好 may be preceded by 才.

(1) 想看的书太多了，我真不知道先看哪一本好。
(2) 对你的帮助我不知道怎么感谢才好。

(3) 这种事我不知道跟谁商量才好。

4. 其实

副词（adv.）

(1) 都说那个男孩儿很笨，其实一点儿也不笨，很聪明。

(2) 今天好像很热，其实温度不太高，才二十六度。

(3) 其实不用给他打电话，一会儿他就来了。

5. 主要

形容词（adj.）。

(1) 请你说一下这句话的主要意思是什么？

(2) 今天我们主要谈谈工作问题。

(3) 现在主要是给他介绍个对象，都三十多岁了。

语　　法

1. 尽管…，还是…

在这一复句结构中，"尽管…"表示让步，说明一个已经发生的事实；"还是…"说明一个与前一事实相反的情况，如：

In this compound sentence construction, "尽管…" refers to something that has already taken place or concedes that something is true, whereas "还是…" states something to the contrary, for example:

(1) 尽管她说得很利索，（可是）脸还是有些红。

(2) 尽管天下了雨，（可是）我们还是去了。

2. 越 V 越…

这是一个连锁复句结构。

This is a construction expressing proportion.

(1) 我们越谈越投机。

(2) 我们越走越觉得山里好玩儿。

(3) 雨越下越大。

(4) 我们越爬越累。

3. "起来"的引申意义

The extended meaning of 起来

"起来"在其他动词后面有一些引申意义。在本课"起来"表示一个动作、一种情况在说话的时候已经开始，并正在持续。

起来 has some extended meanings when attached to other verbs. In this lesson 起来 expersses the idea that an action or state of things has already started and is continuing at the time of speaking, for example：

聊起来　　他们刚见面就聊起来了。

唱起来　　咱们来晚了，你听，里边已经唱起来了。

跳起来　　舞会开始了，大家都跳起来了，你们也快进去吧。

动词有宾语时，格式是：

When the verb takes an object, the formula is：

聊起天来　　跳起舞来　　唱起歌来

打起球来　　看起书来　　写起汉字来

4. 高兴得一夜都没睡好

动词、动宾词组、主谓词组等都可做程度补语，如：

Verbs, V-O phrases or S-P phrases may act as degree complements, for example：

(1) 他紧张得说不出话来。

(2) 王娟羞得脸红了。

(3) 我等得直着急。

(4) 我们高兴得忘了吃饭。

练　习

1. 讨论题

(1) 从哪些地方可以看出王娟要介绍的对象就是她自己？

(2) 为什么王娟几次说："你真傻！"?
(3) 王娟为什么用介绍对象的方式表达自己的爱情?

2．复述：
(1) 请你用王娟的话说这个故事。
(2) 请你用"我"的母亲的话说这个故事。

3．熟读下列词语：
(1) 团委书记， 党委书记， 县委书记，
市委书记， 省委书记
(2) 跟…联系， 跟…有（没有）联系，
把…跟…联系起来
(3) 陌生人， 陌生的地方， 陌生的工作，
对…很陌生
(4) 共同语言， 共同利益， 共同理想

4．用汉语解释下列句子：
(1) 还考虑什么！
(2) 书呆子
(3) 共同语言
(4) 会工作的人，也应该会生活啊！
(5) 穿一身蓝

5．用所给词语模仿下面的例子造句：
例：忙　　忘了吃饭
　　　他忙得忘了吃饭。
(1) 高兴　　不知道说什么好
(2) 变　　　我都不认识了
(3) 紧张　　一个晚上没睡好
(4) 汉字　　写　　又快又好
(5) 一句话　说　　小朋友都笑了起来
(6) 革新　　搞　　很有成绩

(7) 中文　　说　　跟中国人一样流利
(8) 汽车　　开　　像飞一样

6. 用所给词语完成句子：
(1)＿＿＿＿＿＿，还是常常来帮助我学习中文。(尽管)
(2) 这几天我太累了，＿＿＿＿＿＿。(简直)
(3) 我以为他是英国人，＿＿＿＿＿＿。(其实)
(4) 人们都说汉字很难，＿＿＿＿＿＿。(其实)
(5)＿＿＿＿＿＿，但由于他认真、努力，所以进步很快。(尽管)
(6) 这张画儿画得真像，＿＿＿＿＿＿。(简直)
(7)＿＿＿＿＿＿，原来你住院了。(难怪)
(8)＿＿＿＿＿＿，这是他第一次离开家乡。(难怪)
(9)＿＿＿＿＿＿，得穿上雨衣。(越…越…)
(10) 搞革新的人少了不行，＿＿＿＿＿＿。(越…越…)
(11) 这些裙子一条比一条漂亮，＿＿＿＿。(不知道…好)
(12) 事情很难办，＿＿＿＿＿＿。(不知道…好)

7. 选择适当的名量词填空：
(1) 坐了一＿＿＿人
(2) 放着两＿＿＿书
(3) 堆了一＿＿＿东西
(4) 喝了三＿＿＿茶
(5) 吃了几＿＿＿面条
(6) 穿了一＿＿＿新衣服
(7) 说着一＿＿＿北京话
(8) 出了一＿＿＿汗
(9) 买了一＿＿＿点心
(10) 做了一＿＿＿菜

第六十二课

北京的自行车

"清晨,如果你站在北京主要街道旁边观察一下从眼前过去的自行车,就会觉得自行车多得像潮水一样。……"

林达正在看一篇关于北京交通情况的报道。看到这里,她想,实际上,什么时候街上的自行车都很多。她又接着看下去:

"自行车给人们带来了方便,同时也给交通管理带来了新的问题。目前,上下班时间有些重要的十字路口,一小时要通过几万辆自行车。由于有的人骑车不遵守交通规则,有的人过马路不走人行横道,有时就要发生交通事故。汽车司机对自行车感到特别头疼。……"

"如果人们都不遵守交通规则,谁都头疼!"林达想。

"笃,笃,笃!"敲门声打断了林达的思路。

"请进!"

进来的是个女同学,林达的朋友。

"是你呀,李芳!听说你下午来找过我,是吗?"

"是呀,我来给你送词典,——你要用的那本。你看，我给你带来了。"

"谢谢。我下午去买自行车了。来北京半年多了，没有自行车很不方便。"

"是不方便。在北京，自行车是人们的主要交通工具。不过街上车太多，骑车可要注意安全啊。"

"'为了您和他人的幸福，请注意交通安全'，是不是？"林达说完，两个人都哈哈大笑起来。因为她是在背街上的大标语。

"广播里说，大部分交通事故都跟自行车有关。上个月，我家邻居——哎呀，你刚买自行车，我怎么说起这个来了！"李芳忽然停住不说了。

"什么事啊？说下去！没关系。"林达催她说。

"不说了，不说了。咱们说别的。"

"你要是不说，我就不跟你好了。"

"好，好，告诉你。"李芳只好说下去，"上个月，我们家邻居一个女青年，刚二十三岁，因为骑快车，被汽车撞倒，当场就死了。"她又补充说，"本来，你刚买了自行车，我不该说这不愉快的事，不过，我还是要提醒你注意安全。"

"当然。你看，这篇报道说，北京已经有五百万辆自行车了。平均不到两个人就有一辆。所以外国报纸说，北京是自行车的城市。"

"可是我不明白，北京的自行车怎么会这么多？"

"我想有几方面的原因：自行车不用汽油，不会产生污染，存放方便，还可以锻炼身体。另外，北京地方大,胡同多,公共汽车进不去,而自行车却可以通行无阻。"

"有道理。以后我也要骑着自行车到小胡同里去转转。"

生　　词

1. 清晨　　（名）qīngchén　　early morning
2. 观察　　（动）guānchá　　to observe
3. 眼前　　（名）yǎnqián　　before one's eyes
4. 潮水　　（名）cháoshuǐ　　tide
5. 篇　　　（量）piān　　　a measure word for articles
6. 关于　　（介）guānyú　　about, concerning
7. 交通　　（名）jiāotōng　　traffic
8. 报道　　（名、动）bàodào　　news report, to report in the newspaper, radio, T.V., etc.
9. 实际　　（名）shíjì　　reality
　 实际上　（名）shíjìshang　　in reality, as a matter of fact
10. 接（着）（动）jiē(zhe)　　to go on
11. 同时　　（名、连）tóngshí　　at the same time, simultaneously
12. 管理　　（动）guǎnlǐ　　to manage, to control
13. 目前　　（名）mùqián　　at present

14.	十字路口	（名）shízìlùkǒu	crossroads
15.	通过	（动）tōngguò	to pass
16.	辆	（量）liàng	a measure word for vehicle
17.	由于	（连、介）yóuyù	owing to, as the result of
18.	遵守	（动）zūnshǒu	to observe, to abide by
19.	规则	（名）guīzé	rules, regulations
20.	人行横道	（名）rénxínghéngdào	pedestrian crossing
21.	发生	（动）fāshēng	to happen, to take place
22.	事故	（名）shìgù	accident, mishap
23.	司机	（名）sījī	driver
24.	感到	（动）gǎndào	to feel
25.	"笃"	（象声）dū	thud, the sound of knocking
26.	敲	（动）qiāo	to knock
27.	打断	（动）dǎduàn	to interrupt
28.	思路	（名）sīlù	the path of one's thought
29.	工具	（名）gōngjù	tool, instrument
30.	不过	（连）búguò	however
31.	他人	（名）tārén	others, other people
32.	幸福	（名、形）xìngfú	happiness, happy
33.	安全	（名、形）ānquán	safety, safe

34.	标语	(名)	biāoyǔ	slogan, poster
35.	部分	(名)	bùfen	part
36.	停(住)	(动)	tíng (zhù)	to stop
37.	撞	(动)	zhuàng	to collide, to knock against
38.	倒	(动)	dǎo	to stumble, to fall
39.	当场	(副)	dāngchǎng	on the spot
40.	补充	(动)	bǔchōng	to add, to supplement
41.	提醒	(动)	tíxǐng	to warn, to remind
42.	平均	(动、形)	píngjūn	average
43.	外国	(名)	wàiguó	foreign country
44.	报纸	(名)	bàozhǐ	newspaper
45.	明白	(形)	míngbai	clear
46.	汽油	(名)	qìyóu	gasoline
47.	产生	(动)	chǎnshēng	to produce
48.	污染	(动)	wūrǎn	to pollute
49.	存	(动)	cún	to leave in the care of…
50.	通行无阻		tōngxíngwúzǔ	to pass freely
51.	转	(动)	zhuàn	to turn, to go round

专　名

林达	Líndá	Linda, an English female name
李芳	LǐFāng	a person's name

注释：

1. 上下班

"上下班"是"上班和下班"的简缩形式,其他例如:
上下班 is the contracted form of 上班和下班. Other examples are:

上下午——上午和下午

进出口——进口和出口（import and export）

东西长安街——东长安街和西长安街

2. 头疼

"头疼"本指头部疼痛,比喻感到为难或讨厌。

头疼 originally means "headache" and is often used figuratively, meaning "to feel troubled or annoyed".

这件事使我感到很头疼。

他对这件事感到头疼。

3. 可不是

"可不是"是口语中表示同意对方的话的说法。

可不是 is a colloquial expression of agreement to what is said by the other party in conversation.

——那位老人身体真好。

——可不是,都八十多了,耳不聋,眼不花!

词 语 例 解

1. 同时

名词（n.）。

(1) 大家在努力学习的同时,也要注意锻炼身体。

(2) 这两辆自行车是同时买的。

连词（conj.）。

(3) 他是一个好工人,同时也是一个好丈夫。

2. 特别

形容词（adj.）。

(1) 他的名字很特别，听起来很有意思。
副词（adv.）。
(2) 林达今天起得特别早，可能有什么事。
(3) 这几个菜是特别为你准备的，你尝尝。
(4) 他喜欢看小说，特别是古代历史小说。

3. 不过

连词（conj.）。
(1) 她长得很美，不过个子矮了一点儿。
(2) 汽车当然比自行车好，不过污染是个问题。
副词（adv.）。
(3) 我不过来了三天，什么情况也不知道呢。

4. 平均

动词（vt.）。
(1) 上学期我们学了一千二百个生词，平均每星期学六十个。
(2) 这三个楼住了七百五十个学生，你平均一下，一个楼住多少人？
形容词（adj.）。
(3) 他们系有八个班，每班都是十一个人，很平均。

语　　法

1. 如果…，就…

The construction 如果…，就…
(1) 如果小王不是总原谅自己，他早就学好英文了。
(2) 我如果暑假有时间，就跟你们一块儿去旅行。
(3) 老大爷，如果家里人没来接您，我就送您回去。
(4) 你如果去书店，请替我买一本汉英词典。

2. 由于…，(因此/所以) …

The construction 由于…，(因此/所以) …

这一复句结构多用于书面。"由于……"表示原因。

This compound sentence construction is chiefly used in written Chinese. The "由于…" clause expresses reason or cause.

(1) 由于工作忙，(所以) 一直没给他写信。
(2) 由于没有决心，所以小王学了好几年英文也没学好。
(3) 由于参观的人很多，菊花展览延期到下星期结束。

3. "下去"的引申意义

The extended meaning of 下去

"下去"的引申意义之一是表示已经进行的动作继续进行。

One of the extended meanings of 下去 is to express the continuing of an action which is already in progress.

(1) 这件事李芳说了一半停住不说了，林达催促她说下去。
(2) 这本中文小说比较难，林达看一点儿，就会遇到生词，她就得查字典，然后再接着看下去。
(3) 老师让约翰念了一段课文，又让安娜接着念下去。

在我们学过的动词中，下面这些可与"下去"搭配：

Among the verbs we covered, the following can be followed by 下去：

等下去	教下去	说下去	做下去
读下去	介绍下去	算下去	复习下去
看下去	听下去	工作下去	念下去
写下去	画下去	数下去	住下去

在这样的词组中，动词一般不带宾语，宾语多已在上下文中交代清楚了。

In such phrases, since the object of the verb is clear from context, no object occurs after the verb.

练 习

1. 讨论题
  (1) 本文在哪些地方告诉我们北京的自行车多?
  (2) 北京的自行车为什么那么多?
  (3) 自行车给北京的交通带来了什么问题?
  (4) 骑自行车有什么好处?坐汽车有什么好处?请作一比较。
  (5) 怎样才能改进北京的交通状况?

2. 复述:
  (1) 李芳讲跟林达谈话的内容。
  (2) 一个汽车司机谈交通。

3. 熟读下列词语
  (1) 像潮水一样,　像火一样热,　像天空一样蓝,　像飞一样
  (2) 十字路口,　丁字路口,　三岔路口
  (3) 交通事故,　生产事故,　医疗事故,　发生事故
  (4) 遵守规则,　遵守法律,　遵守纪律,　遵守规定

4. 用"如果…就…"连接两个分句:
  (1) 你骑自行车。
     你要注意安全。
  (2) 你遇上这种事。
     你不会着急吗?
  (3) 你是个书呆子。
     我不跟你结婚。
  (4) 你这几天身体不舒服。
     你不用来开会。
  (5) 春天来了。

公园里的花全开了。
(6) 你今天晚上有时间。
我们上友谊宾馆吃晚饭。
(7) 你不爱吃面条。
我给你包饺子。
(8) 这个问题今天解决不了。
我们以后再商量吧。

5. 用"由于"完成下列句子：
   (1) ＿＿＿＿＿＿，改变了旅行计划。
   (2) ＿＿＿＿＿＿，谁也听不懂他的话。
   (3) ＿＿＿＿＿＿，因此一直没去看他。
   (4) ＿＿＿＿＿＿，所以北京人爱骑自行车。
   (5) ＿＿＿＿＿＿，所以工作很有成绩。

6. 用"同时、特别、不过、平均"等词填空：
   (1) 这两幢楼房是＿＿＿＿＿建成的。
   (2) 我哥哥一个月抽十五包烟，＿＿＿＿＿每天抽半包。
   (3) 今年夏天＿＿＿＿＿热，我哪儿也没法去。
   (4) 张先生是我的老师，＿＿＿＿＿也是我的朋友。
   (5) 我跟他＿＿＿＿＿见过一两次面，还不能算是熟人。
   (6) 这几个菜是妈妈＿＿＿＿＿为我做的。
   (7) 这个小伙子办事很认真，＿＿＿＿＿不太懂得姑娘们的心。
   (8) 北京冬天的＿＿＿＿＿温度是多少？

第六十三课

谈中国的地理情况

上课了,黑板上挂着一张中国地图。高开老师走到教室前边儿对同学们说:

"今天我给大家介绍一下中国的地理情况。我尽量讲得简单一些。你们有问题可以问。讲中国地理,我们首先要知道她的地理位置。"

"中国在亚洲的东部。"高老师的话刚完,史密斯就说了起来。"对不起,我打断您的话了。"

"没关系。你说得对,中国在亚洲的东部,太平洋的西岸。你们知道中国有哪些邻国吗?"

"我说说看,"夏子说,"俄罗斯、哈萨克斯坦、吉尔吉斯斯坦、塔吉克斯坦、蒙古、朝鲜、越南、老挝、缅甸、印度、尼泊尔、巴基斯坦。"

"还有三个,谁说?"高老师看了看同学,谁都没有要回答的意思,于是他接着说:"不丹、锡金、阿富汗,一共十五个。"

"中国的面积有多大?人口是多少?"高开问。

"中国的面积跟美国差不多,人口比美国多。"彼得说完,同学们都笑了起来。

"笑什么？老师，不对吗？"

"对是对。但是不准确。"高老师解释说，"中国的面积大约九百六十万平方公里，比美国大一点儿。根据一九八二年的统计，中国人口十亿三千万，占世界人口百分之二十二，相当于前苏联的四倍。好，现在请大家看地图，你们知道中国有多少省、自治区、直辖市？"

没有人回答，有的同学摇摇头，有的同学耸耸肩，表示不知道。

"中国有二十三个省，五个民族自治区，三个直辖市。"高开说。

"请您一个一个地说，我们记下来。"几个同学说。

"不用记，书上有一个表，上边儿都有。"

"老师，您刚才说，中国有五个民族自治区，是不是说中国有五个民族？"

"不。中国有五十六个民族。其中汉族人口最多，占全国人口百分之九十三。"

"我问一个问题，到底是长江长还是黄河长呢？"

"长江比黄河长。长江全长六千多公里，是中国第一大河，也是世界著名的大河之一。黄河五千多公里。"

"黄河是条害河，对吗？"一个同学问。

"在历史上，黄河确实是条害河，但黄河同时也是中国文化的摇篮。"高老师一边说一边看了看表，下课的时间就要到了。"今天就讲到这里，最后我问你们一个问题：中国的国名叫什么？"

"中华人民共和国。"同学们异口同声地回答。

生　词

1. 地理　　（名）dìlǐ　　　　geography
2. 黑板　　（名）hēibǎn　　　blackboard
3. 地图　　（名）dìtú　　　　map
4. 教室　　（名）jiàoshì　　　classroom
5. 尽量　　（副）jǐnliàng　　　to the best of one's ability
6. 简单　　（形）jiǎndān　　　simple
7. 位置　　（名）wèizhì　　　location, position
8. (东)部　（名）dōng(bù)　　(east) part
9. 岸　　　（名）àn　　　　　bank, coast
10. 邻　　　（名）lín　　　　　neighbour
11. 面积　　（名）miànjī　　　area (the size of a surface measured by multiplying the length by the width)
12. 准确　　（形）zhǔnquè　　exact, accurate
13. 大约　　（副）dàyuē　　　approximately
14. 平方　　（名）píngfāng　　square
15. 公里　　（名）gōnglǐ　　　kilometer
16. 根据　　（动、名）gēnjù　　according to
17. 统计　　（名、动）tǒngjì　　statistics, to count
18. 亿　　　（数）yì　　　　　hundred million
19. 占　　　（动）zhàn　　　　to occupy

20.	世界	（名）	shìjiè	world
21.	百分之…		bǎifēnzhī…	per cent
22.	相当	（副、形）	xiāngdāng	corresponding to
23.	于	（介）	yú	to
24.	倍	（名）	bèi	time
25.	省	（名）	shěng	province
26.	自治区	（名）	zìzhìqū	autonomous region
27.	直辖市	（名）	zhíxiáshì	municipality directly under the central government
28.	耸	（动）	sǒng	to shrug
29.	肩	（名）	jiān	shoulder
30.	民族	（名）	mínzú	nationality
31.	记	（动）	jì	to write down
32.	其中	（名）	qízhōng	among them
33.	到底	（副）	dàodǐ	after all, (what) on earth
34.	河	（名）	hé	river
35.	著名	（形）	zhùmíng	famous
36.	条	（量）	tiáo	a measure word for rivers or any barshaped things
37.	害	（形）	hài	disastrous
38.	确实	（形）	quèshí	really
39.	摇篮	（名）	yáolán	cradle
40.	最后	（名）	zuìhòu	finally

41. 异口同声　　yìkǒutóngshēng　　in one voice

专　名

1. 亚洲　　　　yàzhōu　　　　Asia
2. 太平洋　　　Tàipíngyáng　　the Pacific Ocean
3. 苏联　　　　Sūlián　　　　the Soviet Union
4. 俄罗斯　　　Éluósī　　　　Russia
5. 哈萨克斯坦　Hāsàkèsītǎn　　Kazakstan
6. 吉尔吉斯斯坦　Jíěrjísīsītǎn　Kirgizstan
7. 塔吉克斯坦　Tǎjíkèsītǎn　　Tadzhikistan
8. 蒙古　　　　Ménggǔ　　　　Mongolia
9. 朝鲜　　　　Cháoxiǎn　　　Korea
10. 越南　　　　Yuènán　　　　Vietnam
11. 老挝　　　　Lǎowō　　　　Laos
12. 缅甸　　　　Miǎndiàn　　　Burma
13. 印度　　　　Yìndù　　　　India
14. 尼泊尔　　　Níbōěr　　　　Nepal
15. 巴基斯坦　　Bājīsītǎn　　　Pakistan
16. 不丹　　　　Bùdān　　　　Bhutan
17. 锡金　　　　Xījīn　　　　Sikkim
18. 阿富汗　　　Āfùhàn　　　　Afghanistan
19. 彼得　　　　Bǐdé　　　　Peter
20. 汉族　　　　Hànzú　　　　the Han nationality of China

21. 黄河　　　　　Huáng Hé　　　　Huang He, also known as the Yellow River (4,800km.)
22. 中华人民共和国　Zhōnghuá Rénmín Gònghéguó　the People's Republic of China

[附]中国的行政区划
Administrative Districts of China

省 和 省 会
Provinces and Their Capitals

黑龙江省	Hēilóngjiāng Shěng	哈尔滨市	Hāěrbīn Shì
吉林省	Jílín Shěng	长春市	Chángchūn Shì
辽宁省	Liáoníng Shěng	沈阳市	Shěnyáng Shì
河北省	Héběi Shěng	石家庄市	Shíjiāzhuāng Shì
河南省	Hénán Shěng	郑州市	Zhèngzhōu Shì
山西省	Shānxī Shěng	太原市	Tàiyuán Shì
山东省	Shāndōng Shěng	济南市	Jǐnán Shì
陕西省	Shǎnxī Shěng	西安市	Xī'ān Shì
甘肃省	Gānsù Shěng	兰州市	Lánzhōu Shì
青海省	Qīnghǎi Shěng	西宁市	Xīníng Shì
四川省	Sìchuān Shěng	成都市	Chéngdū Shì
云南省	Yúnnán Shěng	昆明市	Kūnmíng Shì
贵州省	Guìzhōu Shěng	贵阳市	Guìyáng Shì
湖北省	Húběi Shěng	武汉市	Wǔhàn Shì

湖南省	Húnán Shěng	长沙市	Chángshā Shì
安徽省	Ānhuī Shěng	合肥市	Héféi Shì
江苏省	Jiāngsū Shěng	南京市	Nánjīng Shì
浙江省	Zhèjiāng Shěng	杭州市	Hángzhōu Shì
江西省	Jiāngxī Shěng	南昌市	Nánchāng Shì
福建省	Fújiàn Shěng	福州市	Fúzhōu Shì
广东省	Guǎngdōng Shěng	广州市	Guǎngzhōu Shì
台湾省	Táiwān Shěng	台北市	Táiběi Shì
海南省	Hǎinán Shěng	海口市	Hǎikǒu Shì

自治区及其首府
Autonomous Regions and Their Capitals

内蒙古自治区	Nèi Měnggǔ (Mongol) Zìzhìqū
呼和浩特市	Hūhéhàotè (Huhhot) Shì
宁夏回族自治区	Níngxià Huízú Zìzhìqū
银川市	Yínchuān Shì
新疆维吾尔自治区	xīnjiāng Wéiwú'ěr(Uygur) Zìzhìqū
乌鲁木齐市	Wūlǔmùqí (ürümqi) Shì
西藏自治区	Xīzàng Zìzhìqū
拉萨市	Lāsà (Lhasa) Shì
广西壮族自治区	Guǎngxī Zhuàngzú Zìzhìqū
南宁市	Nánníng Shì

直辖市
Municipalities Directly Under the Central Government

北京市	Běijīng Shì
上海市	Shànghǎi Shì
天津市	Tiānjīn Shì

词语例解

1. **尽量**
 副词（adv.）。
 (1) 每天晚上的学习时间要尽量保证。
 (2) 我们要尽量做到学过的每一个汉字都要写对。
 (3) 你讲话尽量慢一些，不然大伙儿记不下来。

2. **根据**
 名词（n.）。
 (1) 说话要有根据，不能随便说。
 动词（vt.）。
 (2) 你根据什么说他对你不好呢？
 介词（prep.）。
 (3) 根据统计，今年这个工厂的生产比去年好。
 (4) 根据你的考试成绩，你可以毕业了。

3. **相当**
 动词（v.）。
 (1) 中国人口相当于美国人口的四倍。
 (2) 你们的年龄相当，差不多都是二十五岁。
 形容词（adj.）。

（3）没有相当的汉语水平是看不懂中国《人民日报》的。
副词（adv.）。
（4）现在的交通事故相当多,你骑车要注意安全。
（5）高老师上课上得相当好,同学们都注意听讲。

4. 其中

名词（n.）。
（1）中国有十五个邻国,其中有八个在南部和西南部。
（2）他们班有四个女同学,她是其中的一个。
（3）这个工厂有一千多工人,其中大部分是青年工人。

5. 到底

副词（adv.）,用于疑问句,表示进一步追究。
到底 is used to give force to an interrogative expression.
（1）世界上到底是男人重要还是女人重要,我看谁也说不清。
（2）明天到底谁去？你去还是他去？
表示经过较长的过程,最后出现某种结果。
It also expresses that a result is obtained after a considerably long process.
（3）老师讲了半天,他到底明白了。
（4）经过努力,我们到底成功了。

语　　法

1. 百万以上的称数法

Counting in millions and above

百万以上数字的基本单位是：

The basic units of figures above millions are：

| 百万 | 1 000 000 |
| 千万 | 10 000 000 |

亿　　100 000 000

下面的例子说明这几个基本单位的用法：

The following examples illustrate the usage of the above basic units：

1)　　1 300 000　　一百三十万
　　　53 600 000　　五千三百六十万
　　　147 800 000　　一亿四千七百八十万
2)　　2 500 000　　二百五十万
　　　22 000 000　　两千二百万
　　　222 000 000　　两亿二千二百万
3)　　1 050 000　　一百零五万
　　　1 003 000　　一百万零三千
　　　30 500 000　　三千零五十万
　　　30 050 000　　三千零五万
　　　30 005 000　　三千万零五千
　　　108 000 000　　一亿零八百万
　　　100 800 000　　一亿零八十万
　　　100 080 000　　一亿零八万
　　　100 008 000　　一亿零八千

2. 百分数

Percentage

汉语用"百分之…"表示百分数：

In Chinese, percentage is exprssed by 百分之…：

百分之一　　　　1%
百分之五　　　　5%
百分之二十　　　20%
百分之五十　　　50%
百分之九十五　　95%

百分之百　　　　100%

3. 倍数

Multiple numbers

下面两个句型常用来表示倍数：

Here are two patterns frequently used to indicate multiple numbers：

1) A 是 B 的_____倍：

　　四是二的两倍（二倍）。

　　这个学校的面积是那个学校的三倍。

"是"可以被其他类似的动词替换，如"中国人口相当于前苏联的四倍"中的"相当于"。

"是" may be replaced by similar verb phrases such as 相当于 in 中国人口相当于前苏联的四倍.

2) A 比 B 多/大_____倍。

　　四比二多一倍。

　　这个学校的面积比那个学校大两倍。

4. "下来"的引申意义

An extended meaning of 下来

"下来"的引申意义之一是表示通过动作使某件事"固定"在纸上（成为书面的东西），如：

One of the extended meanings of 下来 is to "fix" (write down) something on paper through the action of the verb, for example：

写下来　　把…写下来
记下来　　把…记下来

练　习

1. 讨论题：

(1) 除了课文内容以外,你还知道哪些中国地理情况?
(2) 介绍一下你们国家的地理情况。

2. 复述:

请根据地图介绍中国的地理情况。(见 91 页)

3. 请读出下列数字:

(1)　　1 000 000　　4 200 000　　8 348 270

　　　10 600 000　　23 007 810　　95 832 400

　　　113 000 000　　700 042 900　　404 404 404

(2)　8%,　　45%,　　105%,　　99.9%

4. 填空:

(1) 16 是 4 的_____倍。

(2) 84 是 2 的_____倍。

(3) 18 的三倍是_____。

(4) 5 的五倍是_____。

(5) 爷爷今年 81,我今年 27。爷爷的年龄比我大_____倍。

(6) 中国人口相当于美国的_____倍。

5. 完成下列句子:

(1) 根据我的经验,_____。

(2) 根据新华社记者报道,_____。

(3) 根据统计,_____。

(4) 根据规定,_____。

(5) _____是毫无根据的。

6. 根据"相当"的三种不同词性 (v., adj., adv.),各造一个句子

(1)

(2)

(3)

7. 完成下列句子:

(1) 我家有五口人,其中_____。
(2) 她们都会跳舞,其中_____。
(3) 考试一共出了十道题,其中_____。
(4) 他在天津住了五天,其中_____。

8. 用"尽量"和"到底"各造两个句子:
   (1) 尽量   (3) 到底
   (2) 尽量   (4) 到底

第六十四课

神奇的词语

任何一种语言都会有几个、几十个或者更多的词语，具有一种"神奇"的色彩。学习外国语的时候，对这种语言现象会觉得头疼。因为它们变化无穷，很难掌握。外国人学习汉语，一定会发现汉语中同样有这么一些"神奇"的词语。

比如说，"打"——这个汉字只有五划，是一个不需要简化的汉字，似乎谁都能很容易掌握它。其实它是一个"神奇"的多义词。"打"本来是"攻打"、"打击"的意思。但是"打交道"的"打"却一点儿也没有"攻打"、"打击"的意思，而是人和人发生某种交涉。

生活中有不少动作，可以和"打"字联系在一起，比如"打毛衣"，决不是非把毛衣好好打一顿不可，而是织毛衣，因此做衬衫不能说成"打衬衫"。"打电话"也决不是把电话机打碎，而是用电话和别人谈话。

甲、乙两个人在路上见了面，常常要打一下招呼：
甲：上哪儿去啊？
乙：上商店。
甲：买什么去啊？

乙：打酱油。

甲听了乙的回答，决不会以为乙要把酱油瓶打碎，也不可能以为乙要织出一瓶酱油来。这里的"打"是"买"的意思。一般地说，买液体的东西时，"打"字用得多些，如"打酒"、"打油"等，但是不能说凡是买液体的东西都可以用"打"。如"打水"，是到井里、河里或是自来水龙头那儿提水。因此，"打"不是"买"的同义词，我们更不能说"到百货公司去打收音机。"

不是液体的东西就不能用"打"吗？在有些情况下，却又是可以的，如"打一张火车票"。票虽然不是液体，却可以"打"，这就十分"神奇"了。

我们还常常说"打扑克"，这里的"打"又成了"玩"的意思。但是，同样是娱乐，我们不说'打棋"而说"下棋"。"打篮球"、"打乒乓球"、"打高尔夫球"都是体育运动，这里的"打"也是"玩"的意思。但是，同样是体育运动，我们只说"踢足球"，不说"打足球"。这又是为什么呢？原来"打"是提手旁，这个动作一般说来常常和手有关系。大家都知道，足球是不能用手来"打"的。可是"打哈欠"、"打喷嚏"中的"打"和手又有什么关系呢？你看，这个"打"字是很复杂的。至于汉语方言中，"打"的意思就更多了。比如你去上海理发店理发，当你听到理发员说"打头"的时候，请你不要害怕，这决不是用棍子打你的头，而是用水给你洗头发。

[据陈原原作改写]

生　词

1. 神奇　　（形）shénqí　　　　mystical
2. 词语　　（名）cíyǔ　　　　　words and expressions
3. 任何　　（代）rènhé　　　　 any
4. 具有　　（动）jùyǒu　　　　 to have, to possess
5. 色彩　　（名）sècǎi　　　　 colour
6. 现象　　（名）xiànxiàng　　 phenomenon
7. 无穷　　（形）wúqióng　　　 endless, boundless
8. 难　　　（形）nán　　　　　 difficult
9. 掌握　　（动）zhǎngwò　　　 to master, to grasp
10. ……中　　　　 ……zhōng　　　 in
11. 同样　　（形）tóngyàng　　　same, in the same way
12. 划　　　（名）huà　　　　　 stroke (of a Chinese character)
13. 简化　　（动）jiǎnhuà　　　 to simplify
14. 似乎　　（副）sìhū　　　　　as if
15. 容易　　（形）róngyì　　　　easy
16. 多义词　（形）duōyìcí　　　 polysemant
17. 本来　　（形、副）běnlái　　original (ly)
18. 攻打　　（动）gōngdǎ　　　　to attack
19. 打击　　（动）dǎjī　　　　　to strike
20. 交道　　（名）jiāodào　　　 (to make) contact with
21. 某　　　（代）mǒu　　　　　 certain
22. 交涉　　（动）jiāoshè　　　 to take up a matter with
23. 动作　　（名）dòngzuò　　　 movement, action

93

24.	非…不可		fēi…bùkě	have to, bound to
25.	织	(动)	zhī	to weave, to knit
26.	成	(动)	chéng	to become
27.	碎	(形)	suì	to break into pieces
28.	酱油	(保)	jiàngyóu	soy sauce
29.	以为	(动)	yǐwéi	to take as, to think
30.	瓶	(名、量)	píng	bottle
31.	液体	(名)	yètǐ	liquid
32.	油	(名)	yóu	oil
33.	凡是	(代)	fánshì	all those
34.	井	(名)	jǐng	well
35.	自来水	(名)	zìláishuǐ	running water
36.	龙头	(名)	lóngtóu	tap
37.	提	(动)	tí	to lift, to fetch
38.	同义词	(名)	tóngyìcí	synonym
39.	百货	(名)	bǎihuò	general merchandise
40.	在…下		zài…xià	under…
41.	十分	(副)	shífēn	very
42.	扑克	(名)	pūkè	playing cards
43.	娱乐	(动、名)	yúlè	amusement, recreation
44.	棋	(名)	qí	chess
45.	高尔夫球	(名)	gāoěrfūqiú	golf
46.	为什么		wèishenme	why
47.	原来	(形、副)	yuánlái	original (ly), It turned out that

48. 提手旁	（名）	tíshǒupáng	the "hand side" of a Chinese character
49. 哈欠	（名）	hāqiàn	yawn
50. 喷嚏	（名）	pēntì	sneeze
51. 复杂	（形）	fùzá	complicated
52. 至于	（介）	zhìyú	as to
53. 方言	（名）	fāngyán	dialect
54. 理发		lǐfà	to have a haircut
55. 当… 的时候		dāng… de shíhour	when…
56. 害怕	（动）	hàipà	to fear, to be afraid of
57. 棍子	（名）	gùnzi	stick

注释：

1. 陈原

语言学家，广东人，生于 1918 年，主要著作有《语言与社会生活》(1979)、《社会语言学》(1983) 等。本篇是根据《语言与社会生活》中的一节改写的。

Chen Yuan, a linguist, was born in 1918, in Guangdong Province. His main works include *Language and Social Life* (1979), *Socialinguistics* (1983), etc.. This text is abridged from a chapter in *Language and Social Life*.

2. 非把毛衣好好打一顿不可

"好好"在这里是"尽力"、"尽情"的意思，另如：

Here 好好 means "to do one's best", "to one's heart's content". Other examples are：

1) 来，咱们好好谈谈。

2）累了一个星期了，星期日得好好玩玩。

3. 甲、乙

"甲"、"乙"是"十干"中的第一、第二个。十干是：

甲 and 乙 are the first two of the ten Heavenly Stems which read：

甲 Jiǎ　乙 yǐ　丙 Bǐng　丁 Dīng　戊 Wù

己 Jǐ　庚 Gēng　辛 Xīn　壬 Rén　癸 Guǐ

"十干"传统上常用作表示次序的符号。此处"甲"、"乙"各代表任意一个人，如英文之中的 A、B 一样。

Traditionally, the ten Heavenly Stems have been used as symbols of order. Here 甲 and 乙 represent any two persons, just like A and B are used in English.

4. 打头

上海方言中的"汏"（dà）是"洗"的意思，与普通话中的"打"同音不同调。操上海方言的人说"汏头"在操普通话的人听来与"打头"差不多，因此产生误解。

The verb 汏 (dà) occurring in Shanghai dialect means "to wash", 汏 and the verb 打 in standard Chinese are similar in pronunciation, but with different tones, so when the Shanghai dialect speakers say 汏头 (to wash the hair), it sounds like 打头 (to hit the head) to speakers of standard Chinese, and thus the misunderstanding takes place.

词语例解

1. 以为

动词（v.），表示某种看法或判断。

以为 expresses a view or a judgement.

(1)我以为要学好一种语言，一定要注意那些"神奇"的词语。

(2) 不要以为别人都不如自己,这样你才能进步。

表示某种推断,事后发现与事实不符。

It expresses an inference that later proves not true to the fact or reality.

(3) 原来是你呀,我还以为是小王呢。

(4) 都以为你回家了,原来还没走。

2. 凡是

代词(pron.)。

(1) 凡是你看过的京剧我都看过。

(2) 凡是老师上课时说的我都记在本子上了。

3. 原来

形容词(adj.),可与"本来"换用。

原来 may be interchangeable with 本来.

(1) 她原来的名字叫王小方,现在叫王方。

(2) 我已经搬家了,不住在原来的地方。

副词(adv.)也可以与"本来"换用。

As adverb, 原来 may also be interchangeable with 本来.

(3) 我家原来有三口人,现在有五口人了。

(4) 原来,这儿交通很不方便,现在新修了一条大马路,方便多了。

表示发现了以前不知道的情况,不能与"本来"换用。

When 原来 means "it turns out that" which expresses discovering something unknown before, 原来 and 本来 are not commutable.

(5) 我说是谁敲门,原来是你!

(6) 宿舍里一个人也没有,原来同学们都开会去了。

4. 关系

名词(n.)。

(1) 我们要看到语言和社会生活之间的关系。
(2) 小王和小张是好朋友,他俩关系不错。
(3) 这件事跟你没关系。
(4) 因为时间关系,下一个问题明天再说吧。
动词(v.)。
(5) 这个问题很重要,关系着大家以后怎么学习怎么休息的大事。

5. 至于

连词(conj.)。
(1) 快要放寒假了,至于放多长时间还不清楚。
(2) 请客是一定要请的,至于什么时候请再商量一下。

语 法

1. 不(是)…,而(是)…

The construction 不(是)…,而(是)…

这是一个表示对比的结构,可以是否定的在前,肯定的在后;也可以是肯定的在前,否定的在后(是…,而不是…),如:

This is a contrastive construction in which the negative clause precedes the affirmative clause or the affirmative clause precedes the negative clause (是…,而不是…), for example:

(1) "打毛衣"决不是非把毛衣好好打一顿不可,而是织毛衣。
(2) "打电话"也决不是把电话机打碎,而是用电话和别人谈话。

上面两个例子,可以说成:

The above two sentences may be changed to:

(3) "打毛衣"是织毛衣的意思,而不是非把毛衣好好打一顿不可。

(4)"打电话"是用电话和别人谈话，而决不是把电话机打碎。

在上面各句中，"是"后面的部分都是对主语的说明或解释。

In the above sentences, the part following 是 is an explanation of the subject.

2．"把"字句（3）

The 把-sentence（3）

"把"字句中动词后边的成分，除"在"、"到"、"给"、"V-来/去"以外，还有一般结果补语、程度补语、表示动作发生频率的补语等。

In the 把-sentence, the element following the verb may be a normal resultative complement, a degree complement or a freauency complement, as well as 在，到，给, or a V-来/去 phrase as we have introduced before.

把	O＋V-RC	我想和你们把山挖掉。
		上帝派了两个神仙把山搬走了。
		"打电话"决不是把电话机打碎。
把	O＋V-DC	人们把家里打扫得干干净净。
把	O＋V-FC	决不是非把毛衣好好打一顿不可。

练 习

1．讨论题：

(1) 为什么说"打"是一个神奇的词语？

(2) 在你学过的汉语词里，还有哪些是多义词？

(3) 在你自己的语言中，哪些词也有神奇的色彩？

2．复述：

说说课文中介绍了"打"的哪些意义。

3．熟读下列词语：

(1) 令人头疼，　　　让人头疼，　　　对…觉得头疼
(2) 掌握知识，　　　掌握技术，　　　掌握一门外语，
　　掌握时间，　　　这个会请你掌握
(3) 多义词，　　　　近义词，　　　　同义词
(4) 开展体育运动，　政治运动，　　　妇女运动，
　　"五四"运动
(5) 理发员，　　　　售货员，　　　服务员，　　　运动员，
　　邮递员，　　　　炊事员，　　　演员，　　　　工作人员，
　　讲解员，　　　　保育员，　　　售票员，　　　检票员

4. 改写句子：

(1) 非…不可
　　1 这种照相机很好，我一定要买。
　　2 只有他才能把这篇文章翻译成中文。
　　3 你一定得回答这个问题。
　　4 他对我说今天一定得离开这儿。
　　5 你得马上到医院去检查。

(2) 不是…而是…
　　1 谁说老陈今年五十二？他已经五十六了。
　　2 很多人说这本书没意思，我觉得很有意思。
　　3 他不去上海，去广州。
　　4 代表团是坐火车来的，没坐飞机。
　　5 这幢楼明明是一九六四年修建的，怎么能说是新楼呢？

(3) 凡是…都…
　　1 我们班的每个人都参加运动会。
　　2 看过话剧《买鞋》的人，都说这是一个好戏。
　　3 喜欢运动的人身体健康。
　　4 听到这个消息，人人都高兴得跳了起来。

5 这家自行车厂生产的各种自行车在国际市场上很受欢迎。

5. 用指定词语完成句子：
(1) 他学习很努力，_____。(任何)
(2) 我以为他是三年级的学生，_____。(原来)
(3) _____，他既然已经来了，就不用去看他了。(本来)
(4) 听说这种药很好，_____。(至于)
(5) _____，飞机不能起飞。(关系)

6. 解释下列词语中的"打"和"上"的意思：
(1) 打交道　　　(9) 上课
(2) 打招呼　　　(10) 上商店
(3) 打毛衣　　　(11) 上车
(4) 打电报　　　(12) 上学
(5) 打油　　　　(13) 上星期
(6) 打球　　　　(14) 上菜
(7) 打票　　　　(15) 桌子上
(8) 打水　　　　(16) 生活上

7. 用"把"字句改写下列句子：
(1) 请你关上门。
(2) 小学生扫街上的雪，扫得干干净净。
(3) 今天学的汉字他写了三四遍。
(4) 大夫治好了他的病。
(5) 过去的事她已经忘得一干二净。

第六十五课

逛琉璃厂

一个星期天,吃过早饭,比利来到小王的宿舍。

"哦,是你啊,比利,好长时间没来了。今天是什么风把你给吹来了?"

"我来向你打听点儿事儿。"

"什么事儿?"

"我早就听说北京有个琉璃厂,来中国半年多了,还一直没去过。今天我想去看看,就是不知道去琉璃厂该怎么走,想问问你。"

"太巧了。今天我回家,正好路过琉璃厂,我陪你逛一个上午,下午我回家,怎么样?"

"那太感谢你了。"

在去琉璃厂的路上,小王告诉比利,琉璃厂是北京的一条古老的文化街,在北京的文化史上有一定的地位。大约在三百年前,琉璃厂一带就已经形成了出售古玩、字画、旧书和笔、墨、纸、砚的市场。在一条不很长的街上就有几十家这类商店。

"听起来,你对琉璃厂的情况很了解啊。那我就再跟你打听打听,既然是一条文化街,为什么叫琉璃厂呢?"比利问。

"说起来话长。琉璃厂历史悠久。元代以前,这里是个村子,到了元代,开始在这里建立了琉璃窑。明代北京建设宫殿,需要大量琉璃产品,其中大部分都是这里生产出来的,所以这里就叫琉璃厂。我想名字就是这样来的。到了清代康熙的时候,这里成了文化街。"

到了琉璃厂,街道两边儿具有中国传统文化特色的旧书店、字画店、古玩店和文具店一个接着一个。人们来来往往,川流不息,其中还有不少外国朋友和归国华侨。

小王和比利首先来到荣宝斋。一进门,他们就被墙上挂着的一幅幅字画吸引住了。

"真像是一座艺术的宫殿啊。"比利对小王说,"听说这家商店已经有二百多年的历史了,是吗?"

"是。可是以前由于种种原因,荣宝斋的发展变化不大。新中国建立以后,在人民政府的关怀下,荣宝斋为发展民族传统文化,繁荣艺术创作,促进国际文化交流,做了大量的工作。国内外许多文化人士到了北京,都喜欢到这儿参观、选购各种书画和文具。"

小王和比利一边说话一边欣赏着字画。

"小王,有些画儿好像不是现代的作品?"

"可不,很多都是古代的名画儿。"

"古代名画儿也拿出来卖吗?"比利问。

小王笑了笑说:"这都不是原作,是荣宝斋的工人根据原作复制出来的。"

"是吗?这种复制技术太了不起了,这些画儿看起来像真的一样。"

"是的,用这种技术复制出来的作品已经到了真假难分的程度。正因为这样,荣宝斋卖的虽然不是原作,但是它保留了原作的精神面貌,同样具有很高的艺术价值,深受国内外艺术爱好者的欢迎。"

"你这么一说,我真想买几幅,以后带回国作纪念。"

小王和比利从荣宝斋出来,时间刚十点多一点儿,他们又高高兴兴地向中国书店走去。

生　　词

1.	琉璃	(名)	liúlí	coloured glaze
2.	风	(名)	fēng	wind
3.	吹	(动)	chuī	to blow
4.	打听	(动)	dǎting	to ask about
5.	巧	(形)	qiǎo	opportune, coincident
6.	陪	(动)	péi	to accompany
7.	古老	(形)	gǔlǎo	old, ancient
8.	地位	(名)	dìwèi	position
9.	一带	(名)	yídài	area, zone
10.	形成	(动)	xíngchéng	to form
11.	出售	(动)	chūshòu	to sell
12.	古玩	(名)	gǔwán	antique
13.	字画	(名)	zìhuà	calligraphy and painting

14.	墨	(名)	mò	ink stick
15.	砚	(名)	yàn	inkstone
16.	类	(量)	lèi	kind
17.	悠久	(形)	yōujiǔ	long-standing
18.	代	(名)	dài	dynasty, generation
19.	这里	(代)	zhèlǐ	here
20.	建立	(动)	jiànlì	to set up, to establish
21.	窑	(名)	yáo	kiln
22.	宫殿	(名)	gōngdiàn	palace
23.	大量	(形)	dàliàng	big amount
24.	产品	(名)	chǎnpǐn	product
25.	特色	(名)	tèsè	charateristic, distinguishing feature
26.	文具	(名)	wénjù	stationary
27.	往	(动)	wǎng	to go
28.	川流不息		chuān liú bù xī	to come in an endless stream
29.	归	(动)	guī	to return, to come/go back
30.	华侨	(名)	huáqiáo	overseas Chinese
31.	墙	(名)	qiáng	wall
32.	幅	(量)	fú	a measure word for painting, photos, etc.
33.	吸引	(动)	xīyǐn	to attract
34.	政府	(名)	zhèngfǔ	government

#	词	词性	拼音	释义
35.	关怀	(动)	guānhuái	to show loving care for
36.	发展	(动)	fāzhǎn	to develop
37.	为	(介)	wèi	for
38.	繁荣	(形)	fánróng	prosperous, thriving
39.	创作	(动)	chuàngzuò	to create (literary or artistic works)
40.	促进	(动)	cùjìn	to promote
41.	交流	(动)	jiāoliú	to exchange
42.	内	(名)	nèi	inside
43.	外	(名)	wài	outside
44.	许多	(数)	xǔduō	many
45.	人士	(名)	rénshì	personage, public figure
46.	参观	(动)	cānguān	to visit (a place)
47.	选购	(动)	xuǎngòu	to pick out and buy
48.	欣赏	(动)	xīnshǎng	to enjoy, to appreciate
49.	现代	(名)	xiàndài	modern
50.	作品	(名)	zuòpǐn	literary or artistic works
51.	古代	(名)	gǔdài	ancient times
52.	原作	(名)	yuánzuò	original work
53.	复制	(动)	fùzhì	to reproduce
54.	技术	(名)	jìshù	technique
55.	了不起		liǎobuqǐ	amazing, terrific
56.	假	(形)	jiǎ	false
57.	保留	(动)	bǎoliú	to preserve
58.	面貌	(名)	miànmào	look, face

59. 价值	（名）jiàzhí	value
60. 爱好	（动）àihào	to love, to like
61. 者	（尾）zhě	a suffix attached to a verb or adjective phrase to indicate a person who does the action or a thing which possesses the character

专　名

1. 比利	Bǐlì	Billy
2. 小王	Xiǎo Wáng	Little Wang
3. 元	Yuán	the Yuan Dynasty (1206 – 1368)
4. 明	Míng	the Ming Dynasty (1369 – 1644)
5. 清	Qīng	the Qing Dynasty (1616 – 1911)
6. 康熙	Kāng xī	Emperor Kangxi of the Qing Dynasty (Who was on the throne from 1662 to 1723)
7. 荣宝斋	Róngbǎozhāi	a gallery in Liulichang which deals in traditional Chinese paintings and calligraphic works

8. 中国书店　Zhōngguó Shūdiàn　China Book Store
(mainly dealing in
used books)

注释：

1. "什么风把你给吹来了？"

俗语。亲友们在分别很长时间以后突然来访，主人常诙谐地用这句俗语跟客人打招呼，意思是："你今天来，真是意想不到！"

This is a common saying used humorously by a host to greet a guest (a relative or friend) who calls after having parted for a long time. It means "What a surprise that you have come".

2. 元代、明代、清代

元、明、清是中国最后三个封建王朝。元朝建于 1206 年，止于 1368 年；明朝建于 1368 年，止于 1644 年；清朝建于 1616 年，1911 年为孙中山领导的辛亥革命推翻。这三个朝代都定都为北京。

Yuan, Ming and Qing are China's last three feudal dynasties. The Yuan was founded in 1206 and ended in 1368; the Ming was established in 1368 and ended in 1616 when the Qing came into being. The Qing was overthrown by the 1911 Revolution led by Sun Yat-sen. All the three had Beijing as capital.

词 语 例 解

1. 早

名词 (n.)。

(1) 她天天从早忙到晚。

形容词 (adj.)。

(2) 你什么时候回国,请早点儿告诉我。
(3) 现在不早了,该睡觉了。
(4) 他上大学比我早一年。
(5) 昨天我们去早了,体育馆还没开门。
副词(adv.)。
(6) 来信早收到了。
(7) 我们早就准备好了。

2. **听说**
动词(v.)。
(1) 这事你听说了吗?
(2) 听说他已经结婚了。
(3) 银行听说八点半开门。
(4) 这种事没听说过。

3. **既然**
连词(conj.)。
(1) 既然已经作了决定,就不要改变了。
(2) 他既然非去不可,那就让他去吧。
(3) 既然大家都已同意,我就不说什么了。

4. **真**
形容词(adj.)。
(1) 今天我对你说真话,你也对我说真话。
(2) 这幅画儿不是真的,是复制品。
(3) 他真的不想教书了,他想搞点儿研究。
副词(adv.)。
(4) 听了这个消息真叫人高兴。
(5) 这儿售货员的服务态度真好。

5. **正**
副词(adv.),表示巧合、恰好。

正 means "coincidentally".
(1) 这双鞋正好，不大不小。
(2) 我正要找你去，你来了。
加强肯定的语气。
正 also functions to give force to an assertion.
(3) 正因为你们两个人的关系很好，所以你更要帮助她。
(4) 问题正出在这儿，所以我们要好好商量商量。

语　　法

1. "起来"的引申意义（2）

The extended meaning of 起来 (2)

"V-起来"插入句子的主语谓语之间，或在句子的前面，表示说话人着眼于事物的某一方面对事物进行估量或评价。

When inserted between the subject and the predicate of a sentence as a parenthetical expression, or at the beginning of the whole sentence, it expresses an estimation or judgement of something by the speaker considering one aspect of the thing in question.

看起来	这些画儿看起来像真的一样。
	天阴了，看起来，今天去不了动物园了。
听起来	你的办法听起来不错。
	听起来，你对琉璃厂的情况很了解啊！
说起来	说起来话长。
	说起来，这还是二十年前的事呢。
骑起来	这辆车骑了十年了，骑起来跟新的一样。
做起来	这件事看起来容易，做起来难。
用起来	这种钢笔不太好看，用起来很好。
吃起来	这种苹果吃起来不太甜。

穿起来	这双鞋有点儿旧,可是穿起来很舒服。
戴起来	我的帽子是花了不少钱买来的,戴起来并不好看。
喝起来	这种啤酒喝起来像德国生产的。

2."出来"的引申意义

The extended meaning of 出来

"出来"的引申意义之一是表示通过动作使某事物产生或从无到有:

One of the extended meanings of 出来 is to indicate that something is produced or has come to being through the action:

生产出来	大部分琉璃产品都是这里生产出来的。
复制出来	用这种技术复制出来的作品已经到了真假难分的程度。
翻译出来	这篇小说太好了,我要是有时间,一定把它翻译出来。
画 出 来	我给你一张纸,请你把那种鞋的样子画出来。
写 出 来	你说的这件事,太感动人了,你应该把它写出来。

练 习

1. 讨论题:
   (1) 为什么说琉璃厂是北京一条古老的文化街?
   (2) 荣宝斋卖的古代名画儿不是原作,为什么还深受国内外艺术爱好者的欢迎?
   (3) 如果你去过琉璃厂,请谈谈那里的情况。
2. 复述:
   (1) 比利的话:"今天我跟小王去逛琉璃厂了,……"

(2) 小王的话:"今天我带比利去逛琉璃厂了,……"

(3) 荣宝斋一个工作人员的话:"我在荣宝斋工作了已经快五十年了,……"

3. 熟读下列词语:

(1) 一个接着一个,　　一句接着一句,　　一次接着一次

(2) 种种原因,　　种种事实,　　种种办法

(3) 在…的关怀下,　　对…的关怀,　　老师关怀学生

(4) 文化人士,　　民主人士,　　知名人士

(5) 艺术爱好者,　　体育爱好者,　　京剧爱好者

(6) 古玩字画,　　笔墨纸砚,　　川流不息,　　国际友人,
　　归国华侨,　　精神面貌,　　艺术价值

4. 用"听说"和"听见"填空:

(1) 早上,我_____小鸟在树上唱歌。

(2) 我_____这种鸟生活在非洲,叫得好听极了。

(3) 昨天夜里_____一个小孩一直在哭,大家都没睡好觉。

(4) 我_____这个小孩很爱哭。

(5) 小王_____小张在楼下。

(6) 小王_____小张在楼下说话。

(7) 很多人在国外就_____北京有个琉璃厂。

(8) 十年前我就_____过这件事。

5. 用"既然"完成句子:

(1) _____,我们就先干起来吧。

(2) _____,就哪儿也不要去了。

(3) _____,我就不再反对了。

(4) _____,就让比利帮助你。

(5) _____,就早点儿睡吧。

(6) _____,大家就不用着急了。

6. 用表示巧合、恰好或加强语气的"正"改写句子:

(1) 我刚要出门,雨就下起来了。
(2) 这种摩托车是很多人想买而买不到的。
(3) 她穿这条裙子很合适。
(4) 你给我送来一张音乐票,太好了!现在我非常想听音乐。

7. 用下列词语造句:

(1) 做起来:
(2) 冷起来:
(3) 想起来:
(4) 用起来:
(5) 说出来:
(6) 写出来:
(7) 猜出来:
(8) 画出来:

第六十六课

问 路

(小相声)

甲：咱们说一段相声。
乙：好啊。咱们说点儿什么呢？
甲：说说文明礼貌问题。
乙：好，现在讲精神文明，应该说说礼貌问题。
甲：干什么都得讲礼貌、注意语言美。
乙：不错。
甲：拿骑自行车来说吧，这本来是生活里一件很普通的事，也得讲文明礼貌。现在街上车多人多，免不了碰着人，比如您就经常轧别人脚。
乙：没有，我从来没轧过别人的脚。
甲：我说"比如"。
乙：你怎么不说你自己呢？
甲：不管谁，如果出现了这些问题，骑车的人要讲礼貌，说话语言要美："同志，对不起，我没注意轧您脚了，您看碍事吗？咱们要不要上医院看看？"
乙：真有礼貌！
甲：被碰的人也很有礼貌："不碍事，不碍事。街上车多人多，您以后可得小心点儿。""对，以后我一定注意。"

乙：说得也很客气。

甲：这显示出人与人之间的团结和友爱。如果都这样说话，得省多少事啊！

乙：不错。

甲：可是，有一种人，比如您——

乙：你别说我！

甲：我没说您，我说您弟弟。

乙：我弟弟也很讲礼貌。你该说谁，就说谁，别一会儿说我，一会儿说我弟弟！

甲：好。有一种人，骑车轧人脚了，不但不主动道歉，还两眼瞪着人家，什么也不说。被轧了脚的那位有修养，不想跟他闹气，给他找个"台阶儿"："同志，您轧我脚了，您可能没注意吧？"这位要是会拾"台阶儿"，就会说："我没注意，对不起，下次注意。"就完了。可是这位不是这样，人家给他"台阶儿"，他不下，什么难听说什么，人家多么有修养也得让他说得发火儿。

乙：他怎么说的？

甲："什么？没注意？你怎么知道我没注意呢？""那你怎么轧我脚呢？""我也不明白，这么多人我都没轧，为什么就轧你的脚呢？一句话，这叫该着。该着轧谁，谁就跑不了。"

乙：嘻！有这么说话的吗？太不像话了！

甲：还有，骑车问路，也要有礼貌。问路的时候，您得下车："同志，请问，去王府井大街怎么走？"要是这么问，你问谁，谁都会告诉你。

乙：对，有礼貌嘛！

甲："王府井大街不远。您从这儿往西拐，第一个路口靠北边就是王府井。""知道了，谢谢您！""别客气！"您看，这多好。

乙：是好。

甲：可是，也有问路不下车的，比如——

乙：你别"比如"了，你一"比如"，我就害怕。你有什么就说什么吧，别"比如"。

甲：行！有的人问路，坐在自行车上，一只脚蹬在脚蹬上，一只脚蹬在马路边上，还得让人过来："喂！那个戴眼镜的，过来，快点儿！"人家那位正走着路呢，不知道怎么回事，吓了一跳，赶紧走过来。"您叫我呢？有什么事吗？""我要上王府井大街，怎么走？"

乙：太没礼貌了。

甲：那位心里说：你怎么这么没礼貌啊，你爱怎么走就怎么走；谁爱告诉你，谁告诉你，反正我不告诉你。人家走开了。说来也巧，旁边有个小伙子听了挺生气，又爱开玩笑，走过来说："同志，来，我告诉您。王府井大街离这儿远着呢。你从这儿一直往东，骑到哪儿没路了，哪儿就是王府井。"

乙：要是这么走，准到不了王府井。

甲：这位还真听话，骑了三个钟头，腰也酸了，腿也疼了，肚子也饿了，连王府井的影子也没看见，而且越走人越少。这位想，王府井不是个很热闹的地方吗？这儿怎么连个人都没有啊？再问问吧。正好，路边上有位老大爷站在那儿抽烟，他骑过去："喂，老头儿！"

乙：老头儿？还不接受教训哪？说话还这么不文明啊？

甲：这位习惯了。"喂，老头儿，我上王府井大街，怎么走？"老大爷说了一句话，吓了他一跳。

乙：老大爷说什么了？

甲："你迷糊了！王府井大街不是在北京城里吗？你跑到郊区干什么来了？"

生　词

1. 文明　　（名、形）wénmíng　　civilization
2. 礼貌　　（名）lǐmào　　courtesy, politeness
3. 拿…来说　　ná…láishuō　　to take…for example
4. 免不了　　miǎnbuliǎo　　unavoidable
5. 碰　　（动）pèng　　to bump
6. 轧　　（动）yà　　to run over, to roll
7. 出现　　（动）chūxiàn　　to appear
8. 医院　　（名）yīyuàn　　hospital
9. 碍事　　ài shì　　to matter
10. 小心　　（动）xiǎoxin　　careful
11. 显示　　（动）xiǎnshì　　to show, to demonstrate

12.	与	(介、连)	yǔ	and
13.	…之间		…zhījiān	between, among
14.	团结	(动)	tuánjié	unity, to unite
15.	友爱	(动)	yǒu'ài	friendly affection
16.	省	(动)	shěng	to save
17.	主动	(动)	zhǔdòng	on one's own initiative, of one's own accord
18.	瞪	(动)	dèng	to stare
19.	修养	(名、动)	xiūyǎng	broad-minded, accomplishment
20.	闹气		nào qì	to go into temper
21.	台阶儿	(名)	táijiēr	step
22.	拾	(动)	shí	to take up
23.	难听	(形)	nántīng	unpleasant to hear
24.	发火儿		fā huǒr	to get into a rage
25.	句	(量)	jù	a measure word for one's words
26.	该着		gāi zháo	to deserve
27.	嗐	(叹)	hài	an interjection expressing pity
28.	不像话		bú xiàng huà	unreasonable
29.	路口	(名)	lùkǒu	crossing
30.	靠	(动)	kào	to (the right, left, etc.), to keep to (the right, left, etc.)

31.	蹬	（动）dēng	to tread
32.	脚蹬子	（名）jiǎodēngzi	pedal
33.	吓一跳	xià yítiào	to have a great fright
34.	赶紧	（副）gǎnjǐn	hurriedly
35.	听话	（形）tīnghuà	obedient
36.	腰	（名）yāo	waist, loin
37.	腿	（名）tuǐ	leg
38.	酸	（形）suān	(of muscles) pain, ache
39.	肚子	（名）dùzi	stomach, belly
40.	影子	（名）yǐngzi	shadow
41.	饿	（形）è	hungry
42.	接受	（动）jiēshòu	to receive, to accept
43.	教训	（名）jiàoxùn	lesson, a warning example or experience from which one should learn
44.	迷糊	（形）míhu	dazed
45.	郊区	（名）jiāoqū	suburbs

注释：

1. 台阶儿

"台阶儿"指摆脱窘境的办法，常见的用法是：

台阶儿 means a way to get out of being nonplussed or embarrassesd. The following are the chief usages：

下台阶儿

给…（个）台阶儿

给…（个）台阶儿下
　　拾台阶儿
2. 那个戴眼镜的
　　这里指一个戴眼镜的人。这样称呼人是不礼貌的。

This refers to a person wearing glasses. It is not courteous to address a person in such a way.

3. 老头儿
　　对陌生老年男子的称呼通常是"老先生"、"老同志"、"老师傅"、"老大爷"等。用"老头儿"称呼人是很不礼貌的。

The forms of address for a newly met old man usually are：老先生，老同志，老师傅，老大爷，ect.. To address an old man by 老头儿 is very impolite.

词 语 例 解

1. 拿…来说
　　(1) 他学习成绩一直很好，拿这次考试来说吧，笔试 94 分，口试 90 分。
　　(2) 这几年他到过许多国家旅行，拿去年来说吧，他就去过美国、苏联、日本、尼泊尔。

2. 免不了

　　(1) 老朋友见面，免不了多聊一会。
　　(2) 学习一种外语，说错写错是免不了的。
　　(3) 如果你不去，免不了人家会有意见。

3. …之间
　　(1) 学校和工厂之间有一个剧场。
　　(2) 春夏之间北京常常刮风。
　　(3) 室内温度在二十二度和二十四度之间。

(4) 那个人的年龄大约在三十五到四十岁之间。
(5) 朋友之间要团结友爱。

4. 靠

动词（v.）。

接近、挨近的意思。

It means "near", "approach".

(1) 车辆、行人要靠右边走。
(2) 你从这儿进去，靠南边的那个屋子就是办事处。

依靠

It means "to depend", "to rely".

(3) 学习要靠自己努力，不能只靠别人的帮助。

5. 可能

形容词（adj.）。

(1) 你不要相信，这是不可能的事。
(2) 你说他早知道你的事了，这很可能。

副词（adv.）。

(3) 李教授可能还在开会，你等他一下。
(4) 可能要下雪了，我们快点走吧。

语　　法

疑问代词的引申意义（2）

The extended meanings of interrogative pronouns (2)

同一个疑问代词，出现在前后两个分句中，相互呼应，表示特指的人、事物、性状等。前一分句是后一分句的条件，后一分句中常用"就"：

When the same interrogative pronoun is used in both the main clause and the conditional subclause, the pronoun indecates a person, thing or quality of a particular reference. 就 is often used in the second or main clause. For example:

谁　　你问谁，谁都会告诉你。
　　　你想说谁，就说谁。
　　　谁爱告诉你，谁就告诉你。(反正我不告诉你。)
什么　你有什么就说什么吧。
　　　什么样子的钢笔好，我就买什么样子的。
哪　　哪本书有意思，我就借哪本（书）。
哪儿　哪儿热闹，咱们就上哪儿。
怎么　你爱怎么走，就怎么走。

练　习

1. 讨论题
　（1）生活中有哪些最常用的礼貌语言？
　（2）称谓和礼貌有什么关系？
　（3）没有礼貌会产生什么后果？
　（4）遇见不懂礼貌的人怎么办？

2. 复述：
　（1）请表演有礼貌的人怎样问路。
　（2）请表演没有礼貌的人怎样问路。
　（3）"今天我碰到一个人向我问路，真没礼貌，……"

3. 熟读下列词语：
　（1）讲文明，　讲礼貌，　讲卫生，　讲科学，　讲道德
　（2）省事，　　省力，　　省时间，　省钱
　　　费事，　　费力，　　费时间，　费钱
　（3）主动道歉，　向…道歉
　（4）接受教训，　吸取教训，　有过教训，　教训别人

4. 解释下列带点儿的词语：
　（1）干什么都得讲礼貌。

(2) 两眼瞪着人家。
(3) 该着碰谁，谁就跑不了。
(4) 要是这么走，准到不了王府井。
(5) 我都这么大了。

5．选词填空：

　　　　什么　谁　怎么　哪　哪儿

(1) 你觉得＿＿＿办合适，就＿＿＿办。
(2) 她高兴去＿＿＿就去，＿＿＿谁的话也不听。
(3) 我教你＿＿＿说，你就＿＿＿说，一定没错儿。他不懂。
(4) 不用害怕，你有＿＿＿就说＿＿＿。
(5) 我不喜欢见＿＿＿人说＿＿＿话的人。
(6) 时间不早了，＿＿＿有急事＿＿＿先走吧。
(7) 他是个球迷，＿＿＿有球赛＿＿＿准有他。
(8) ＿＿＿有经验就向＿＿＿学习。
(9) 你＿＿＿天来，我就＿＿＿天陪你逛琉璃厂。
(10) ＿＿＿条路近就走＿＿＿条。

6．用"拿…来说"完成句子：

(1) 中国南方有些水果很便宜，＿＿＿＿＿＿＿＿＿＿＿＿＿＿＿＿＿＿＿＿＿。
(2) 我们班的同学学习都很努力，＿＿＿＿＿＿＿＿＿＿＿＿＿＿＿＿＿＿＿＿。
(3) 我们家人人都爱好体育运动，＿＿＿＿＿＿＿＿＿＿＿＿＿＿＿＿＿＿＿＿。
(4) 小王真不像话，＿＿＿＿＿＿＿＿＿＿＿＿＿＿＿＿＿＿＿＿＿＿＿＿＿＿
(5) 汉语里有许多多义词，＿＿＿＿＿＿＿＿＿＿＿＿＿＿＿＿＿＿＿＿＿＿＿＿＿＿＿＿＿。

7. 用"免不了"改写句子:
(1) 她知道了一定会批评你的。
(2) 除夕之前,大家准得忙着准备过年。
(3) 寒假里她俩肯定又要去旅行。
(4) 像你这样干下去,准要失败。
(5) 他又不是神仙,怎么会一点儿错误也不犯呢?

8. 用下列词语造句:
(1) …之间
(2) 靠
(3) 可能①副词(adv.)
　　　　②形容词(adj.)

第六十七课

中学生怎样看家长

编者的话：常听做父母的同志讲，孩子上中学以后开始变了，越来越不听父母的话了。但是，孩子们又是怎样看家长的呢？最近，我们开了一个中学生座谈会，请孩子们说说他们平时不愿意，也没有机会向父母说的心里话。

你跟家长的关系怎么样？

小民：我爸爸是武术教师，总想让我也学武术，但总不能他喜欢什么，我就喜欢什么啊！所以有时不高兴就几个月不跟他谈话。不过每到星期天或放假的时候，爸爸跟我下棋时，我倒觉得他特别好。

小玉：我父母都已退休在家，他们年纪大了，总爱没完没了地叨唠我，所以我不愿意回家。我每天早六点离开家，三顿饭都在外边吃，放学后也在学校复习功课或与同学聊天。晚上九点多才回家睡觉。妈妈说我把家当成了旅馆。

小金：我从小在姥姥家长大，和父母没有什么感情。平时我一犯错误，爸爸就打我一顿。今年学校办了一个家长学校，爸爸第一次上完课回来就跟我谈话，表示以后不再打我了，有事要多和我商量。

我感动得真不知说什么好。

小娟：父母有时对我管得太死，我都这么大了，总有点儿自己的事。可只要晚回家十分钟，就要问我半天："干什么去了？""跟谁在一起？""男生还是女生？"有时为了避免这种麻烦我干脆撒个谎，告诉父母我开会了、值日了。

小山：最近两年我觉得与父母之间的距离越来越大。我知道他们很爱我，我也很爱他们，但总是说不到一起去。我和我的很多同学都觉得自己总是处在被命令的地位，自己有想法不能跟家长说，所以随便向家长撒谎就成了一种习惯。

父母对你干涉最多的是什么？

小民：爸爸妈妈最反对我参加课外小组活动，回到家里只准看课本、做练习。我喜欢观察小动物，但父母认为这是不务正业，我要买小动物，就是不给钱。

小草：我们参加课外小组是从兴趣出发，而父母是从考大学出发。比如参加数学小组、外语小组，爸爸妈妈非常支持。但是想画画儿、练琴、参加体育活动，父母就会干涉、反对。

小娟：爸爸妈妈总怕我们交上坏朋友，也怕我们过早地交上异性朋友。所以每次同学自己组织活动，父母总不想让我们参加。有时收到同学的来信，父母都要检查检查。他们总认为我们什么也不懂，做什么事都怕我们犯错误。

你对父母最大的希望是什么？

小玉：希望父母相信我们。我们长大了，许多事可以自己思考。爸爸妈妈不要把我们管得死死的。

小山：家长要理解我们，最好放下架子，不要总是命令我们。如果爸爸妈妈不但管好我们的衣食住行，同时又是我们的知心朋友，我们是愿意跟他们交流思想的。

小民：希望父母能学些新知识、新理论，不要因为工作忙就不看报、不听广播。爸爸妈妈在学习上应该成为我们的榜样。

生　　词

1. 家长　　（名）jiāzhǎng　　parent or guardian
2. 编者　　（名）biānzhě　　editor, compiler
3. 父（亲）（名）fù（qin）　　father
4. 越来越…　　yuè lái yuè…　　more and more
5. 最近　　（名）zuìjìn　　recently
6. 座谈会　（名）zuòtánhuì　informal discussion
7. 机会　　（名）jīhuì　　opportunity
8. 武术　　（名）wǔshù　　Wushu, marshal arts which formerly were cultivated for self-defence, but are now a form of physical culture

9.	退休	（动）	tuìxiū	to retire
10.	没完没了		méi wán méi liǎo	endless
11.	放学		fàng xué	classes are over
12.	功课	（名）	gōngkè	schoolwork, homework
13.	聊天		liáo tiānr	to chat
14.	当	（动）	dàng	to take as
15.	姥姥	（名）	lǎolao	maternal grandmother
16.	感情	（名）	gǎnqíng	affection
17.	犯	（动）	fàn	to commit
18.	错误	（名）	cuòwu	mistake
19.	管	（动）	guǎn	to subject sb. to discipline, to be in charge of
20.	避免	（动）	bìmiǎn	to avoid
21.	干脆	（动）	gāncuì	simply
22.	撒谎		sā huǎng	to tell a lie
23.	值日	（动）	zhírì	to be on duty
24.	距离	（名）	jùlí	distance
25.	处	（动）	chǔ	to be situated in
26.	命令	（动、名）	mìnglìng	to order, order
27.	想法	（名）	xiǎngfǎ	idea
28.	干涉	（动）	gānshè	to interfere
29.	反对	（动）	fǎnduì	to oppose, to be against
30.	课外	（名）	kèwài	outside class
31.	小组	（名）	xiǎozǔ	group

32.	准	（动）	zhǔn	to permit
33.	课本	（名）	kèběn	textbook
34.	认为	（动）	rènwéi	to consider
35.	不务正业		bú wù zhèng yè	not attend to one's proper duties
36.	兴趣	（名）	xìngqù	interest
37.	出发	（动）	chūfā	to start off
38.	考(大学)	（动）	kǎo（dàxué）	to take an examination in order to be admitted to (a university)
39.	数学	（名）	shùxué	mathematics
40.	支持	（动）	zhīchí	to support, to encourage
41.	（练）琴	（名）	（liàn）qín	(to practise) a string or keyboard instrument
42.	交（朋友）	（动）	jiāo（péngyou）	to make (friends)
43.	过	（副）	guò	too, excessively
44.	异性	（名）	yìxìng	the opposite sex
45.	组织	（动、名）	zǔzhi	to organize, organization
46.	思考	（动）	sīkǎo	to ponder over, to think
47.	理解	（动）	lǐjiě	to understand
48.	最好	（副）	zuìhǎo	better
49.	架子	（名）	jiàzi	(to put on) airs

50.	食	（动）	shí	to eat
51.	行	（动）	xíng	to transport
52.	知心		zhī xīn	intimate
53.	思想	（名）	sīxiǎng	thinking
54.	知识	（名）	zhīshi	knowledge
55.	理论	（名）	lǐlùn	theory
56.	成为	（动）	chéngwéi	to become
57.	榜样	（名）	bǎngyàng	example, a person or his behaviour that is worthy of being copied by others

专 名

1.	小民	xiǎomín	given name of a boy
2.	小玉	xiǎoyù	given name of a girl
3.	小金	xiǎojīn	given name of a boy
4.	小娟	xiǎojuān	given name of a girl
5.	小山	xiǎoshān	given name of a boy
6.	小草	xiǎocǎo	given name of a girl

注释：

1. 武术

武术原为中国传统的打拳和使用武器的技术，现已发展成健身的运动项目。

Wushu refers to the techniques of traditional Chinese boxing and of fighting with weapons. Nowadays Wushu has developed into a sport.

2. 退休

根据中国现行的规定,国家职工一般男六十岁退休,女五十五岁退休,退休以后都享受退休金。

According to the present regulations of China, male workers and staff usually retire at the age of 60 and the female at 55. All retired workers and staff draw old age pensions.

3. 家长学校

"学长学校"是专门为中、小学生家长办的训练班,主要由中、小学校举办,目的是帮助家长掌握教育孩子的正确方法。

"Parents' school" is actually a special short course open to the parents of middle and primary school pupils, mainly run by the school authorities, aiming at helping them master the correct and scientific methods of educating their children.

4. 值日

中国学校里有学生轮流值日的制度。值日的学生(值日生)负责打扫教室、擦黑板、报告本班出勤情况、记录本班一天中发生的重要事情等。

In Chinese schools, as a rule, the pupils take turns to be on duty. The pupil on duty (值日生) is in charge of cleaning the classroom and the blackboard, reporting the attandance of the class and keeping a diary recording the events of the day.

词语例解

1. 越来越…

表示程度随时间推移而增加,作状语。

As an adverbial, 越来越… means the degree continues to become higher with the time goes on.

(1) 我身体越来越不好,明天我想去医院检查一下。
(2) 汽车、自行车越来越多,交通管理是个大问题。
(3) 他说话越来越没有礼貌,太不像话了。

2. 总(是)

副词(adv.)。

(1) 他星期六晚上总是睡得很晚。
(2) 我上个月就想来看你,可是总没有时间。
(3) 别着急,问题总是能解决的。
(4) 他病了,你总不能不去看他吧?

3. 倒

副词(adv.)。

表示跟一般情理相反。

倒 means "contrary to the usual occurrance".

(1) 弟弟倒比哥哥高。
(2) 没吃药,这病倒好了。

表示跟事实相反。

倒 means "opposite to reality".

(3) 他想得倒容易,可做起来就不容易了。
(4) 你说得倒简单,你试试看。

表示转折,"倒"后常用赞许或有积极意义的词语。

倒 means a turn in speech and it is followed by an expression of praise or one with a "good sense".

(5) 房间不大,布置倒很讲究。
(6) 这种沙发虽然很贵,买的人倒很不少。

表示让步,用在前一分句,后一分句常用"就是"、"可是"、"但是"、"不过"等呼应。

倒 may be used in a concessional clause which is followed by one with 就是，可是，但是，不过，etc.．

(7) 住在这儿交通倒很方便，就是离城里太远了。

(8) 我倒想跟他一起去，不过谁知道他愿意不愿意？

舒缓语气。

例 may function to moderate the tone of speech.

(9) 今天天气倒不错。

(10) 这种自行车比那种自行车好？那倒不一定。

4．随便

形容词（adj.）。

(1) 上课时不能随便说话。

(2)肚子饿了，这里有个饭馆儿，我们进去随便吃点什么吧。

连词（conj.）。

(3) 随便什么电影我都喜欢看。

"随便"也可以说成"随+人称代词+的+便"。

随便 is also a V-O phrase used in the pattern "随 + personal pronoun + 的 + 便".

(4) 明天几点来随你的便，上午、下午我都在家。

5．最

副词（adv.）。

(1) 中国是世界上人口最多的国家。

(2) 他是最受同学们欢迎的一个老师。

(3) 坐在最后边的那个是小林的表妹。

"最好"表示最大的希望，最理想的选择。

最好 means "you would better…"

(4) 你最好今天给他写封信，晚了可能就收不到了。

语　法

主语的省略
Omission of subjects

汉语单句或复句的主语，在上下文清楚时，习惯上可以省略，特别是复句的主语，如果所指相同，一般也只出现一次，其余都省略；分句的主语不同，在上下文清楚时，也可省去一个。本课出现了下面几种省略主语的情况：

When the context is clear, the subject of a Chinese sentence can idiomatically be omitted, especially when the subjects of the different clauses in a complex sentence indicate the same person or thing, only one of them is necessary and the rest can be omitted; even when they have different indications, one of them can be left out so long as the context is clear. The following cases of omission of subjects are seen in this lesson：

A. 单句主语的省略：

Omission of the subject of a simple sentence：

(1) (　　) 常听做父母的同志讲……
(2) (　　) 希望父母相信我们。
(3) (　　) 干什么去了？

B. 复句主语的省略：

Omission of the subjects of the clauses in a complex sentence：

1) 复句中各分句主语相同，只出现第一个分句的主语，其余都省略：

When the subjects are identical, only that of the first occurs with the rest omitted：

(4) 孩子上中学以后开始变了，(　　) 越来越不听父母的话。

(5) 如果爸爸妈妈不但管好我们的衣食住行，同时（　　）又是我们的知心朋友，我们是会愿意跟他们交流思想的。

2) 复句中各句主语相同，只出现第二个分句的主语：

When the subjects of the clauses are identical, only that of the second occurs:

(6) 有时（　　）为了避免这种麻烦，我干脆撒个谎。

3) 复句中各分句主语不同，两个主语都省略：

Subjects of both clauses, though they indicate different persons or things, are omitted.

(7) 可只要（　　）晚回家十分钟，（　　）就要问我半天：……

4) 复句各分句主语不同，省去其中一个：

One of the subjects of clauses of different indications can be omitted:

(8) 我要买小动物，（　　）就是不给钱。

(9) 比如（　　）参加数学、外语小组，爸爸妈妈非常支持。

应注意的是，在上下文清楚时，主语能省略时，一般都要省略；不省略反而不合乎习惯（但有时不省略是为了强调）。

What should be noted is that so long as the context is clear, whenever it is possible, the subject should be omitted, otherwise the sentence doesn't sound idiomatic except some cases when the subjects are emphasized.

练　习

1. 讨论题：

(1) 孩子们各自对自己的父母有些什么不满意？

(2) 孩子们希望父母怎样对待自己？

(3) 父母对孩子有些什么担心？
(4) 孩子们的意见对吗？

2. 复述：
(1) 这几个中学生的家长在一起开座谈会。
(2) 这几个中学生和他们的家长在一起开座谈会。

3. 熟读下列词语：
(1) 没完没了， 没大没小， 没轻没重， 没头没脑，没羞没臊， 没皮没脸
(2) 打一顿， 骂一顿， 说一顿， 吃一顿
(3) 交流思想， 交流经验， 交流信息
(4) 衣食住行， 柴米油盐， 鸡鸭鱼肉， 花鸟鱼虫，男女老少， 笔墨纸砚， 诗书琴画

4. 解释下列带点的词语：
(1) 孩子们又是怎样看家长的呢？
(2) 管得太死
(3) 只要晚回家十分钟，就要问我半天。
(4) 说不到一起去

5. 用"越来越"完成下列句子：
(1) ＿＿＿＿＿＿＿，我得上街买冬天的衣服。
(2) 这个人能吃能睡，又不爱运动，＿＿＿＿＿＿＿。
(3) 世界上有些动物得不到保护，＿＿＿＿＿＿＿。
(4) 随着生产的发展，＿＿＿＿＿＿＿。
(5) 她们常常在一起练习说法语，＿＿＿＿＿＿＿。

6. 用"总（是）"改写下列句子：
(1) 最近几天不是刮风就是下雨。
(2) 我每次给你打电话，你都不在办公室。
(3) 她喜欢那条裙子，我看她每次参加舞会都穿着它。
(4) 别急，再等两天，他一定会来信的。

(5) 肚子饿了，出门前吃点什么吧。

7. 解释下列句子中"随便"的含义：
(1) 他这个人穿衣服总是很随便的。
(2) 我只是随便说说，你别太认真。
(3) 你想看电影，随便什么时候都能买到票。
(4) 他的事我不管，随他的便。
(5) 你不应该随便同意他的意见。

8. 把"倒"填在适当的位置上，并解释"倒"的含义：
(1) 原想走一条近路，＿＿没想＿＿绕了远。
(2) 说起 1986 年，＿＿我＿＿想起一件事。
(3) 关于这个问题，＿＿我＿＿想＿＿听听你的意见。
(4) 这种自行车很贵，＿＿可买的人＿＿不少。
(5) 他做了对不起我的事，我＿＿没说他，＿＿他＿＿没完没了地说起我来了。

第六十八课

一次关于中国现代文学的对话

比利在小王的宿舍里,看见桌子上放着很多书。
比:你哪儿来的这么多书?是从学校图书馆借的吗?
王:图书馆一次哪儿能借这么多书!这都是我今天在琉璃厂新买的。
比:嗬,十本倒有九本是中国现代小说。看来,你对现代文学很有兴趣。
王:我喜欢中国现代文学。中国是一个具有五千年文化的文明古国,有优秀的文学传统,历史上出现过许多杰出的作家和诗人。现代文学正是在这样肥沃的土壤里成长起来的。当然,外国优秀文学对中国现代文学的发展也有很大影响。
比:现代文学从什么时候算起呢?
王:从1919年"五四"运动前后算起。从那时候开始出现了一批新作家和新作品,形成了一个新文学运动的发展。
比:这个时期的作品我也读过一些。这些作品的思想倾向似乎主要是反封建。
王:对,不少作品描写了对封建势力的反抗。

比：鲁讯的作品你读得多吗？

王：读过一些。他在"五四"前夕，也就是1918年发表的短篇小说《狂人日记》，对封建制度进行了猛烈的抨击。这在当时，是没有一篇作品可以和它相比的。他的中篇小说《阿Q正传》则是世界公认的中国现代文学史上的不朽作品。

比：诗歌方面呢？

王：诗歌方面，最早的新诗要算郭沫若在1919年创作的《女神》了。这部作品在中国现代文学史上的地位也是很重要的，可以说它开辟了中国新诗的道路。

比："五四"运动以后还有哪些重要作家？

王：除了鲁迅、郭沫若以外，还有茅盾、巴金、老舍、田汉、叶圣陶等。他们的作品影响都不小。曹禺的许多剧本也是这个时期出现的优秀作品。

比：我上中学的时候，听说中国现代散文写得最好的要算朱自清了，你同意吗？

王：别人的散文是不是都不如朱自清，这个我不敢说，不过朱自清的散文确实写得很美。他的代表作品一直是中学语文课本必选的课文。

比：四十年代有哪些优秀作品？

王：我觉得赵树理的小说《小二黑结婚》，贺敬之等人的歌剧《白毛女》，周立波的小说《暴风骤雨》，丁玲的《太阳照在桑干河上》等都是比较有影响的作品。

比：中华人民共和国成立以后的文学也叫现代文学吗？
王：不，新中国成立以后的文学，人们习惯上称它为当代文学。
比：当代文学有哪些著名的作品呢？
王：多着呢。三天三夜也说不完。无论是小说、诗歌，还是散文、剧本，都有很大的成就，都有自己的代表作品。
比：你随便举几个例子吧。
王：就拿长篇小说来说吧，《红旗谱》、《创业史》、《红岩》、《青春之歌》、《李自成》等等都是非常有名的作品。
比：我读过《青春之歌》和《李自成》，写得是不错，很吸引人。最近几年文学事业怎么样？
王：最近几年，由于经济和社会生活发展很快，文学事业也得到了很大的发展，不仅出现了大批新作品，而且也出现了大批新作家。文学杂志据说有几百种。总之，可以说是欣欣向荣。

生 词

1. 文学　　（名）wénxué　　　literature
2. 对话　　（名）duìhuà　　　talk, dialogue
3. 优秀　　（形）yōuxiù　　　splendid
4. 杰出　　（形）jiéchū　　　outstanding
5. 作家　　（名）zuòjiā　　　literary writer
6. 肥沃　　（形）féiwò　　　fertile

7.	土壤	（名）tǔrǎng	soil
8.	影响	（名、动）yǐngxiǎng	influence, to influence
9.	成长	（动）chéngzhǎng	to grow
10.	前后	（名）qiánhòu	around
11.	批	（量）pī	dispatch
12.	提倡	（动）tíchàng	to promote
13.	科学	（名、形）kēxué	science
14.	民主	（形）mínzhǔ	democracy
15.	推动	（动）tuīdòng	to push forward
16.	时期	（名）shíqī	period
17.	倾向	（名）qīngxiàng	trend
18.	反	（动）fǎn	to oppose
19.	封建	（名、形）fēngjiàn	feudalism, feudal
20.	描写	（动）miáoxiě	to depict, to describe
21.	势力	（名）shìli	forces
22.	反抗	（动）fǎnkàng	to resist
23.	前夕	（名）qiánxī	eve
24.	发表	（动）fābiǎo	to publish
25.	短篇小说	duǎnpiān xiǎoshuō	short story
	中篇小说	zhōngpiān xiǎoshuō	novelette
	长篇小说	chángpiān xiǎoshuō	novel
26.	制度	（名）zhìdù	system

27.	猛烈	（形）	měngliè	violent, fierce
28.	抨击	（动）	pēngjī	to attack (in speech or writing)
29.	当时	（名）	dāngshí	that time
30.	相比	（动）	xiāngbǐ	to compare with
31.	则	（连）	zé	then
32.	公认	（动）	gōngrèn	to generally recognize
33.	不朽	（动）	bùxiǔ	immortal
34.	方面	（名）	fāngmiàn	aspect, side
35.	部	（量）	bù	a measure word, volume
36.	开辟	（动）	kāipì	to open up
37.	道路	（名）	dàolù	path, road
38.	剧本	（名）	jùběn	drama, play, script
39.	散文	（名）	sǎnwén	prose
40.	语文	（名）	yǔwén	language and literature
41.	必选		bì xuǎn	must be chosen
42.	年代	（名）	niándài	times, decade
43.	歌剧	（名）	gējù	opera
44.	成立	（动）	chénglì	to establish, to found
45.	为	（动）	wéi	as
46.	当代	（名）	dāngdài	contemporary
47.	成就	（名）	chéngjiù	achievement
48.	举	（动）	jǔ	to cite an example

49.	例子	（名）	lìzi	example
50.	事业	（名）	shìyè	cause
51.	不仅	（连）	bùjǐn	not only
52.	杂志	（名）	zázhì	magazine
53.	总之	（名）	zǒngzhī	in a word
54.	欣欣向荣		xīnxīn xiàngróng	flourishing

注释：

1. 五四运动

指1919年5月4日在北京爆发的中国人民反帝反封建革命运动。"五四运动"是中国现代史上最重要的历史事件之一，它标志着中国革命由旧民主主义革命到新民主主义革命的转折。1949年12月宣布5月4日为中国青年节。

"五四运动"也是一次反对封建文化的运动，是中国现代文学的发端。

The May 4th Movement is the anti-imperialist and anti-feudal revolutionary movement waged by the Chinese people on May 4, 1919 in Beijing and is one of the most important events in modern Chinese history as it marked the turning point of the Chinese revolution from old democracy to new democracy. May 4 was declared the Youth Day of China in Dec. 1949.

The May 4th Movement was also a movement opposing feudal culture and the beginning of modern literature of China.

2. 四十年代

一个世纪中，从第三个十年开始，每十年为一个"年代"，以本世纪为例：

From the third decade of a century on, every ten years are called a 年代. Take the years of this century for example:

1900–1909　二十世纪第一个十年
1910–1919　二十世纪第二个十年
1920–1929　（二十世纪）二十年代　　the twenties
1930–1939　（二十世纪）三十年代　　the thirties
1940–1949　（二十世纪）四十年代　　the forties
1950–1959　（二十世纪）五十年代　　the fifties
1960–1969　（二十世纪）六十年代　　the sixties
1970–1979　（二十世纪）七十年代　　the seventies
1980–1989　（二十世纪）八十年代　　the eighties
1990–1999　（二十世纪）九十年代　　the nineties

3. 多着呢

"着呢"放在形容词后边，表示程度高。"多着呢"就是"非常多"的意思，夸张的意味。

Following an adjective, 着呢 indicates a high degree. 多着呢 means 非常多, with a touch of exaggeration.

高着呢　　好看着呢
快着呢　　热闹着呢
好着呢　　漂亮着呢
宽着呢　　清楚着呢
远着呢　　舒服着呢

[附] 1　本课涉及的作家

鲁　迅　　Lǔ Xùn (1881–1936)　　浙江省绍兴县人
　　　　　　　　　　　　　　　　　From Shaoxing County, Zhejiang Province

郭沫若	Guō Mòruò (1892–1978)	四川省乐山县人 From Leshan County, Sichuan Province
茅　盾	Máo Dùn (1896–1981)	浙江省桐乡县人 From Tongxiang County, Zhejiang Province
巴　金	Bā Jīn (1904–)	四川省成都市人 From Chengdu, Sichuan Province
老　舍	Lǎo Shě (1899–1966)	北京市人 From Beijing
田　汉	Tián Hàn (1898–1968)	湖南省长沙市人 From Changsha, Hunan Province
叶圣陶	Yè Shèngtáo (1894–1988)	江苏省苏州市人 From Suzhou, Jiangsu Province
曹　禺	Cáo Yǔ (1910–)	湖北省潜江县人 From Qianjiang County, Hubei Province
朱自清	Zhū Zìqing (1898–1948)	江苏省东海县人 From Donghai County, Jiangsu Prorivce
赵树理	Zhào Shùlǐ (1906–1970)	山西省沁水县人 From Qinshui County, Shanxi Province

周立波　　Zhōu Lìbō（1908－1979）　　湖南省益阳县人
From Yiyang County, Hunan Province

丁　玲　　Dīng Líng（1907－1985）　　湖南省临沣县人
From Linfeng County, Hunan Province

[附] 2　本课涉及的文学作品

鲁　迅：　狂人日记　Kuángrén Rìjì　A Madman's Diary（短篇小说，1918）

　　　　　阿Q正传　A Q Zhèngzhuàn　The True Story of Ah Q（中篇小说，1922）

郭沫若：　女神　Nǚ Shén　Goddesses（诗歌，1921）

赵树理：　小二黑结婚　Xiǎo Èrhēi Jiéhūn　The Marriage of Young Black（短篇小说，1943）

贺敬之、丁毅：白毛女　Bái Máo Nǚ　The White-Haired Girl（歌剧，1945）

周立波：　暴风骤雨　Bàofēng Zhòuyǔ　The Hurrican（长篇小说，1948）

丁　玲：　太阳照在桑干河上　Tàiyang Zhào zài Sānggānhé Shang　The Sun Shines Over the Sanggan River（长篇小说，1948）

梁　斌：　红旗谱　Hóngqí Pǔ　Keep the Red Flag Flying（长篇小说，1958）

柳　青：　创业史　Chuàngyè Shǐ　The Builders（长篇小说，1959）

杨益言、罗广斌：红岩　Hóng Yán　The Red Cliff（长篇小说，1961）

杨　沫：　青春之歌　Qīngchūn Zhī Gē　Song of Youth（长篇小说，1958）

姚雪垠：　李自成　Lǐ Zìchéng（长篇小说，1963 – 1977）

词 语 例 解

1. 算

   动词（v.）。

   （1）算一下，一共花了多少钱？
   （2）从现在开始算，再有两个月我就要回国了。
   （3）算上他，一共五个人；不算他，只有四个人。
   （4）你们去旅行，算我一个吗？
   （5）这算什么颜色，不蓝不绿的！
   （6）这几天不算太冷。
   （7）说了就得干，不能说了不算。
   （8）大家说了算，不能听你一个人的。
   "算了"的意思是作罢，不再计较。
   算了 means "that's enough", "forget it", etc..
   （9）我看算了吧，别再提这件事了。

2. 前后

   名词（n.）。

   （1）我们学校前后都有商店。
   （2）请在晚饭前后给我打个电话。
   （3）他在上海前后一共住了十八年。
   （4）她前后来过五六次，都没见到你。
   （5）春节前后商店里的人很多。

3. 影响

   名词（n.）。

   （1）这部小说在中国很有影响。

(2)"五四"运动给中国现代文学带来很大的影响。

(3) 在他的影响下,我对文学发生了兴趣。

动词(v.)。

(4) 声音太大会影响别人休息。

(5) 你太骄傲了,所以影响了你的比赛成绩。

4. 无论

连词(conj.)。

(1) 无论上什么课,他都非常认真。

(2) 大家无论有什么困难都愿意找他帮忙。

(3) 无论是城市还是农村,我都想去参观参观。

语 法

1. "是…的"的几种意义

Several meanings of the "是…的" construction

我们已学过,"是…的"结构可用来强调动作发生的时间、地点、方式。这里再介绍几种意义:

We have learnt that the "是…的" construction may be used to emphasize the time, place or manner of an action. Here are some other meanings of the "是…的" construction:

1) "是 VP 的"表示来源,V 重读:

"是 VP 的" indicates source, where the V is stressed:

(1) 这些小说是我(从图书馆)借来的。

(2) 那张画儿是(从荣宝斋)买的。

(3) 这些情况,我都是(从他那儿)听来的。

(4) 这些书是哪儿来的?

2) "是 VO 的"表示归类,O 重读:

"是 VO 的" indicates categorization, where the O is stressed:

(1) 冬梅的表哥是干什么的?
他是<u>研究人口问题</u>的。
(2) 我是<u>学中文</u>的。
(3) 我是<u>教书</u>的,他是<u>管图书馆</u>的。

3) "是 VO 的"表示用途,O 重读:

"是 VO 的" indicates use, where the O is stressed:
(1) 这是干什么(用)的?
这是写字(用)的。
(2) 这是买裤子的,那是买鞋的。

2. "是"强调肯定

是 emphasizes confirmation

"是"放在谓语或补语前边,强调肯定(表示同意别人的看法、解除别人的怀疑等),有"确实"的意思。"是"要重读。

是 may be placed before the predicate or degree complement to emphasize confirmation (agree to a view, clear up a doubt, etc.), meaning "true, indeed", 是 is stressed.

(1) A. 今天真冷。
B. 是冷。
(2) A. 我不相信他已经来了。
B. 他是来了,我看见了。
(3) 他中国话说得是好。
(4) 那个孩子是八岁,没错儿。

练 习

1. 讨论题:
(1) 什么是中国现代文学和当代文学?
(2) 你读过哪些中国文学作品?
(3) 关于中国现代文学,你能说些什么?

(4) 关于中国当代文学，你能说些什么？

2. **复述**
   (1) 小王给比利介绍中国现代文学。
   (2) 比利的话："今天我到小王宿舍去，他给我介绍了中国现代文学的情况…"

3. **熟读下列词语：**
   (1) 吸取营养，　　进行抨击，　　开辟道路
   (2) 文明古国，　　优秀传统，　　肥沃土壤，　　不朽作品
   (3) 短篇小说，　　中篇小说，　　长篇小说
   (4) 古典文学，　　近代文学，　　现代文学，　　当代文学

4. **解释下列带点的词语：**
   (1) 你哪儿来的这么多书？
   (2) 图书馆一次哪儿能借这么多书？
   (3) 十本倒有九本是中国现代小说。

5. **解释下列句中"算"的不同含义：**
   (1) 请算一下，我一共得付多少钱。
   (2) 明天的足球赛算我一个。
   (3) 他总是一个人说了算。
   (4) 这件大衣不算太贵。
   (5) 谁要是不想干就算了。

6. **用"无论"完成下列句子**
   (1) _____，他总是每天早晨锻炼身体。
   (2) _____，他都不同意。
   (3) _____，我都感兴趣。
   (4) _____，都要讲"认真"二字。

7. **用"由于"完成下列句子：**
   (1) _____，我从今天起不抽烟。
   (2) _____，三天三夜也说不完。

(3) ＿＿＿＿＿＿＿＿＿＿，人民生活水平提高了。
(4) ＿＿＿＿＿＿＿＿＿＿，昨天晚上我怎么也睡不着。

8. 用"是…的"结构改写下列句子，表示来源、归类或用途：
   (1) 经过努力，取得了这些成绩。
   (2) 表哥送我一本《鲁迅小说选》。
   (3) 卖冰棍儿的老大爷教了我这几句北京话。
   (4) 公司给你打来了电话。
   (5) 他研究中国现代文学。
   (6) 这家工厂生产电视。
   (7) 这些人来参观我们的学校。
   (8) 这间屋子用来开会。

9. 读一本中国现代或当代文学作品的英文译本，用汉语说说它的内容。

第六十九课

骆驼祥子

故事发生在二十年代的北京。

祥子生长在农村,失去了父母和几亩土地以后,十八岁那年,他就到北京城里来拉人力车。

祥子是一个年轻力壮的人力车夫。开始他在刘四爷开的人和车厂租车拉。一年、两年、三年,一滴汗、两滴汗、不知道多少万滴汗,祥子终于买上了一辆自己的车。一天,他从城里拉车到清华大学,路上连人带车一起被兵抓走了。几天以后,祥子逃了回来,同时拉回了兵们丢下的三匹骆驼,卖了三十五块钱。从此,祥子的名字和骆驼联系在一起。人们都叫他"骆驼祥子"。

人和车厂老板刘四爷是个快七十岁的人了。他没有儿子,只有一个三十岁还没有结婚的女儿叫虎妞。虎妞长得很难看,但她帮助父亲办事却是把好手。她深深地爱上了祥子。她爱祥子正直善良,爱祥子有志气能劳动。刘四爷也知道祥子是个好人。即使祥子不租他的车,他也愿意祥子住在他的厂子里。不说别的,院子和门口儿永远扫得干干净净。

祥子把骆驼卖了以后,一天,他来到人和车厂。天还没黑，刘家父女正吃晚饭，看见他进来，虎妞就把筷子放下。

"祥子，这几天你上哪儿了？"

"车呢？"

祥子站着没说话。

"你吃饭了没有？要是没吃的话，就过来一块儿吃。"虎妞说完就把祥子拉过来。

祥子一边吃一边把被兵抓走的事说了一遍。

祥子又租了刘四爷的车。每天他很早就出去，很晚才回来，他非拉够一定的钱不收车。有时他拉一天一夜。他恨不得马上就能买上一辆新车。有时他觉得很累，但他又不敢休息。他瘦了很多。虎妞已经说了他几回了。

"你要是这么干，吐了血可是你自己的事。"

刘四爷看到祥子早出晚归，拼命地干，对他的车不利，而且也帮不了厂里干活儿，心里很不高兴。有时候他真想把祥子赶出去，但是他又不敢这样做，因为虎妞喜欢这个傻小子。

为了更好地挣钱，祥子给曹先生拉包月。他又攒下了一些钱，但很快又被兵抢走了。

因为祥子是个拉车的穷人，刘四爷非常看不起他，坚决反对女儿嫁给他。在刘四爷做寿的那天，虎妞为了祥子跟她父亲大吵了一场。

"他上哪儿，我也跟着上哪儿。你是把我给他呢，还是把我们俩一起赶出去？听你一句话。"虎妞对父亲说。

"有他没我，有我没他。我不能便宜一个拉车的。"

虎妞宁肯不要父亲的财产也要嫁给祥子。刘四爷眼看再也左右不了女儿，于是把车厂卖了，一个人带着钱远走高飞。正月初六那一天，虎妞和祥子结了婚。结婚以后，虎妞和祥子过着甜蜜的生活。很快虎妞帮着祥子买了一辆车。祥子又每天出去拉车。过了几个月，虎妞怀孕了。没想到生孩子的时候，虎妞难产。为了给虎妞请医生，祥子不得不把新车又卖了。可是孩子还是死了，虎妞也死了。人死了，车卖了，家也没了。祥子连哭都哭不出声来。

祥子不再想什么，也不再希望什么，但他还得活下去。

生　词

1. 骆驼　　（名）luòtuo　　camel
2. 生长　　（动）shēngzhǎng
   　　　　　　　　　　　　to grow
3. 失去　　（动）shīqu　　to lose
4. 亩　　　（量）mǔ　　　*mu*, a Chinese measure of land(= 6.6666 ares = 0.1647acre)
5. 土地　　（名）tǔdì　　land
6. 人力车　（名）rénlìchē　rickshaw
7. 年轻力壮　　　niánqīng lì zhuàng　young and strong

8.	车夫	（名）	chēfū	driver
9.	租	（动）	zū	to hire, to rent
10.	滴	（量）	dī	drop
11.	汗	（名）	hàn	sweat
12.	连…带…		lián…dài…	to do … while doing sth. else
13.	兵	（名）	bīng	soldier
14.	抓	（动）	zhuā	to seize, to catch
15.	逃	（动）	táo	to escape
16.	匹	（量）	pǐ	a measure word for horses, camels, etc.
17.	老板	（名）	lǎobǎn	boss
18.	难看	（形）	nánkàn	ugly-looking
19.	好手	（名）	hǎoshǒu	a person good at sth.
20.	正直	（形）	zhèngzhí	straightforward
21.	善良	（形）	shànliáng	kind-hearted
22.	志气	（名）	zhìqì	high aspiration
23.	好人	（名）	hǎorén	good man
24.	即使	（连）	jíshǐ	even if
25.	院子	（名）	yuànzi	courtyard
26.	永远	（副）	yǒngyuǎn	always
27.	扫	（动）	sǎo	to sweep with a broom
28.	够	（形）	gòu	enough
29.	恨不得	（副）	hènbude	how one wishes one could

30.	吐	（动）	tù	to spit, to vomit
31.	血	（名）	xiě	blood
32.	拼命		pīn mìng	to risk one's life
33.	不利	（形）	búlì	harmful, disadvantageous
34.	活儿	（名）	huór	work
35.	赶	（动）	gǎn	to drive (out)
36.	小子	（名）	xiǎozi	boy, fellow
37.	挣	（动）	zhèng	to earn
38.	包月		bāo yuè	to hire by the month
39.	攒	（动）	zǎn	to save up
40.	穷人	（名）	qióngrén	the poor
41.	看不起		kàn bu qǐ	to look down upon
42.	坚决	（形）	jiānjué	resolute
43.	嫁	（动）	jià	(of a girl) to marry a man
44.	做寿		zuò shòu	to celebrate one's birthday
45.	场	（量）	chǎng	a measure word for film show, rainfall, quarrel, etc.
46.	宁肯	（连）	nìngkěn	would rather
47.	财产	（名）	cáichǎn	property
48.	眼看	（动、副）	yǎnkàn	soon
49.	左右	（动）	zuǒyòu	control

50.	远走高飞	yuǎn zǒu gāo fēi	to go afar and fly high — be off to distant places
51.	过	（动）guò	to lead (a life)
52.	甜蜜	（形）tiánmì	sweet
53.	怀孕	huái yùn	to be pregnant
54.	生	（动）shēng	to give birth to
55.	难产	（动）nánchǎn	(of child birth) difficult labour
56.	大人	（名）dàren	grown-up, adult
57.	治	（动）zhì	to cure
58.	不得不	bùdébù	have to

专　名

1.	祥子	Xiángzi	the hero of the novel "Camel Xiangzi" by Lao She
2.	刘四爷	Liú sìyé	Liu the Fourth
3.	人和车厂	Rénhé chē chǎng	the Renhe Rickshaw Company
4.	虎妞	Hǔniū	(Literally) Tiger Girl
5.	曹先生	Cáo xiānsheng	Mr. Cao

注释:

1. 《骆驼祥子》

《骆驼祥子》是中国著名文学家老舍的代表作,写于1937年。本课是这部中篇小说的故事梗概。

camel Xiangzi, also translated as The Rickshaw Boy is a representative work written in 1937 by Lao She, a celebrated writer of China. This text is the summary of this novelette.

2. 刘四爷

"爷"是旧时对成年男子的敬称;"四爷"指在兄弟中排行第四的一个。第一个称"大爷",第二个称"二爷",第三个称"三爷"等等。

爷 is a respectful form of address used in old days for a man; 四爷 refers to the fourth one of several brothers, and accordingly, the first is called 大爷, the second 二爷, the third 三爷, etc..

3. 车厂

这里指专门租赁人力车的地方。

Here 车厂 refers to a place where a puller can rent a rickshaw.

4. 清华大学

清华大学是中国著名大学之一,建于1911年,在北京西北郊的清华园。

Situated in the Qinghua Garden in the north-western suburb of Beijing, the Qinghua University, which was established in 1911, is one of the most famous universities in China.

5. "父女"

"父女"是"父亲和女儿"合称,也常说"父女俩"、"父女二人"等。其他类似的合称有:

父女 is "joint term" for 父亲和女儿 (father and daughter) which may also be referred to as 父女俩, 父女二人, etc.. Other terms like this include:

父子	父子俩	父子二人
母子	母子俩	母子二人
母女	母女俩	母女二人
兄弟	兄弟俩	兄弟二人
	弟兄俩	弟兄二人
姐妹	姐妹俩	姐妹二人
兄妹	兄妹俩	兄妹二人
姐弟	姐弟俩	姐弟二人

词 语 例 解

1. 够

动词（v.）。

（1）几点了，时间够不够？

（2）这些文具够我们用一年了。

（3）我还没有玩够，真想再玩一会儿。

副词（adv.）。

修饰形容词，表示说话人认为达到很高的程度，句尾有"了"或"的了"。

When modifying an adjective, 够 means the speaker thinks something has reached a high degree. 了 or…的了 is used at the end of the sentence.

（4）今天够热的了，你把窗户开开吧。

（5）他们已经够忙了，你不要再去找他们了。

2. 一定

形容词（adj.）。

（1）我每天都用一定的时间来写汉字。

副词（adv.）。

(2) 他一定要去，你就让他去吧。

(3) 祥子吐血的事，虎妞一定知道了。

3. 眼看

动词 (v.)。

它只能用来指出正在发生的情况，宾语必须是主谓结构，没有否定式。后面常用"着"。

眼看, whose object must be a S-P phrase, is exclusively used to refer to something in progress. There is no negative form for 眼看. 着 is often attached to 眼看.

(1) 眼看父亲的病一天天好起来，心里真是高兴极了。

(2) 这么重要的事，我们怎么能眼看着不管！

(3) 我们去晚了，眼看着火车开走了。

副词 (adv.)。

(4) 这个城市的高楼眼看一天比一天多起来。

(5) 眼看天就要黑了，早点儿回去吧。

(6) 国庆节眼看就要到了。

语　　法

1. "上"的引申意义

The extended meanings of the verb 上

动词"上"在另一动词后表示结果时，有引申意义。这里介绍三种最常见的引申意义：

The verb 上, when attached to other verbs to express result, has extended meanings, of which the following are the common ones:

1) 表示达到不容易达到的目的：

It indicates the accomplishment of an objective that is not easy to accomplish:

买上　　祥子攒了好几年的钱，才买上了新车。
住上　　这儿的许多农民都住上了自己的新房子。
穿上　　现在，咱们山里人也穿上了跟城里人一样的衣服。

2）表示添加：

It expresses addition:

贴上　　快到春节了，许多人家门口都贴上了春联。
放上　　王娟给我送来一饭盒面条，里边还放上了两个鸡蛋。
挂上　　墙上挂上了一幅地图。
画上　　这张画儿上再画上一朵花儿，就更好看了。
写上　　请你们在本子上写上名字。

3）表示有了结果：

It expresses that a result has been obtained:

爱上　　虎妞爱上了祥子。
交上　　爸爸妈妈怕我们过早地交上异性朋友。

2. 即使…，也…

The construction 即使…，也…

"即使…"提出一个假设（一种极端的情况），"也…"说明在前面假设的条件下，结果或结论不受影响。

The "即使" clause indicates a supposition (something in the extreme) and the "也…" clause shows under the above mentioned supposed condition, the result or conclusion will remain unaffected.

　　（1）即使不吃饭，也得买车。
　　（2）即使下雨，也得去。
　　（3）不要怕错，即使错了，也没关系。

3. 宁肯…，也…

The construction 宁肯…，也…

表示在比较利害得失之后选取一种做法。

This construction means "…would rather…than…".

1) 宁肯不…，也要…
   (1) 虎妞宁肯不要父亲的财产，也要嫁给祥子。
   (2) 祥子宁肯不吃饭，也要买车。
   (3) 他宁肯不睡觉，也要把这篇小说翻译出来。
2) 宁肯…，也不…
   (4) 我宁肯睡觉也不去看那样没意思的电影。
   (5) 刘四爷说他宁肯把钱扔了，也不给虎妞。

练 习

1. **讨论题：**
   (1) 祥子是一个什么样的人力车夫？
   (2) 谈谈你对虎妞的印象。
   (3) 刘四爷是一个什么样的人？
   (4) 祥子的命运说明了什么？
2. **复述：**
   (1) 祥子说自己的经历。
   (2) 刘四爷说祥子。
   (3) 虎妞说祥子。
3. **熟读下列词语：**
   (1) 连车带人，连人带包，连跑带跳，连说带笑，连打带骂
   (2) 对…不利，不利于…，对…有利，有利于…
   (3) 善良正直，年轻力壮，早出晚归，远走高飞
   (4) 挣钱，　　攒钱，　　存钱，　　花钱
4. **解释下列带点的词语：**
   (1) 你要是这么干，吐了血可是你自己的事。
   (2) 他非拉够一定的钱不收车。
   (3) 虎妞已经说了他几回了。

(4) 我不能便宜一个穷拉车的。

5. **用"即使"或"宁肯"填空：**
   (1) 你_____不告诉我，我也能猜到是怎么回事儿。
   (2) 这件事_____跟你没关系，你也应该关心。
   (3) 我不愿再等车了，_____走着去。
   (4) 祥子_____累吐了血，也要买辆新车。
   (5) 她_____一个人在家里，也不跟大家一起去跳舞。
   (6) _____今天累一点，这件事也不要等明天再去做。

6. **用下列词语造句：**
   (1) 恨不得
   (2) 眼看
   (3) 一定
   (4) 左右
   (5) 不得不
   (6) 够

7. **解释下列句子中"上"的引申意义：**
   (1) 请在这儿写上姓名和地址。
   (2) 快，去晚了就买不上票了。
   (3) 虎妞帮助祥子买上了新车。
   (4) 他在院子里种上了很多花。
   (5) 小明终于考上了大学。
   (6) 从此，我和音乐交上了朋友。
   (7) 你们打高尔夫球算上我一个，行不行？
   (8) 我们班加上他们一共二十二个人。

第七十课

参观历史博物馆

　　一天,外国留学生阿里和杨老师来到了中国历史博物馆。阿里一边参观,一边认真地听着杨老师的讲解。

　　杨:阿里,你看,这个柜子里放的是原始人的主要生产工具——石器。

　　阿里:中国原始社会经历了多少时间?

　　杨:大约一百多万年。那时,人们共同占有生产资料,共同劳动,共同消费,过着没有阶级,没有剥削,但却非常艰苦的生活。

　　阿:中国的奴隶社会是什么时候开始的?

　　杨:这大约在公元前2100多年以前,经历了夏、商、西周、东周的春秋时代,一共1600多年。

　　阿:杨老师,您看,这些都是什么?

　　杨:这些都是奴隶们用的生产工具和当时的各种武器,说明那时候青铜铸造技术已经有了很高的水平。奴隶社会末期,铁器也很快发展起来了。铁器的使用促进了生产的发展。奴隶社会开始向封建社会过渡。

　　阿:从这里开始是封建社会部分了吧?

　　杨:对,封建社会从公元前475年战国初期开始。

这比欧洲的封建社会大约要早1000年。中国封建社会特别长，经历了秦、汉、晋、隋、唐、宋、元、明、清等多个朝代，一直到公元1840年鸦片战争前夕，前后共有2300多年。

阿：中国第一个封建朝代是秦朝吗？

杨：是。从公元前475年到公元前221年是封建制度形成的时期。公元前221年秦始皇统一中国，开始建立统一的多民族的封建国家，也是第一个封建朝代。

阿：老师，听说秦朝统治的时间不长，是吗？

杨：对。秦朝只有15年。公元前209年爆发了中国历史上第一次农民大起义。公元前206年秦朝就被推翻了。

阿：老师，上中学的时候，学到过中国古代的四大发明，它们都是在封建社会时出现的吧。

杨：对。造纸、印刷、指南针、火药这四大发明都是在这个历史时期出现的。中国古代劳动人民创造的灿烂的科学文化不仅对中国封建社会的经济发展起了促进作用，同时也是对人类文明的伟大贡献。一会儿我们可以看到一些具体的东西。

阿：中国封建社会是什么时候开始衰弱下去的？

杨：明、清时期。随着城市商业经济的发展，中国资本主义萌芽了。封建制度开始走向衰弱。

阿：中国为什么没有发展到资本主义社会呢？

杨：中国资本主义发展比较慢，还没有等到发展起来，西方资本主义就开始对中国进行侵略了。

阿：杨老师，您看，那是什么？

杨：那是鸦片战争的时候中国人民反抗外国侵略时用的大炮。鸦片战争失败以后，中国变成了一个半封建半殖民地的国家。洪秀全领导的太平天国农民革命和孙中山领导的辛亥革命都企图改变中国的社会性质，但是这两次革命失败了。一直到了公元1919年五四运动爆发。中国革命才进入了一个新的历史时期。

阿：杨老师，下面就是五四运动以后的情况了吧？

杨：是啊。但是中国历史博物馆的介绍就到这个地方。五四运动以后的情况要到中国革命博物馆去参观。今天时间来不及了。你要是有兴趣，以后我们可以再找时间来参观。

阿：好。

生　　词

1. 博物馆　　（名）bówùguǎn　　museum
2. 留学生　　（名）liúxuéshēng　　student studying abroad
3. 讲解　　（动）jiǎngjiě　　to explain
4. 原始　　（形）yuánshǐ　　primitive
5. 石器　　（名）shíqì　　stone implement, stone vessel
6. 经历　　（动）jīnglì　　to experience
7. 占有　　（名）zhànyǒu　　to possess
8. 资料　　（名）zīliào　　material
9. 消费　　（动）xiāofèi　　to consume

10.	阶级	（名）	jiējí	class
11.	剥削	（动）	bōxuē	to exploit
12.	艰苦	（形）	jiānkǔ	arduous, hard
13.	奴隶	（名）	núlì	slave
14.	公元	（名）	gōngyuán	the Christian era
15.	时代	（名）	shídài	epoch, times
16.	说明	（动）	shuōmíng	to show, to demonstrate
17.	青铜	（名）	qīngtóng	bronze
18.	铸造	（动）	zhùzào	to cast
19.	末期	（名）	mòqī	last stage
20.	铁	（名）	tiě	iron
21.	过渡	（动）	guòdù	to transit, interim
22.	初期	（名）	chūqī	initial stage
23.	朝代	（名）	cháodài	dynasty
24.	朝	（名）	cháo	dynasty
25.	统一	（动）	tǒngyī	to unify
26.	统治	（动）	tǒngzhì	to rule
27.	爆发	（动）	bàofā	to break out
28.	起义	（动）	qǐyì	uprise
29.	推翻	（动）	tuīfān	to overthrow
30.	发明	（动）	fāmíng	to invent
31.	造纸		zàozhǐ	paper making
32.	印刷	（动）	yìnshuā	to print
33.	指南针	（名）	zhǐnánzhēn	compass
34.	火药	（名）	huǒyào	gunpowder

35.	创造	（动）	chuàngzào	to create
36.	灿烂	（形）	cànlàn	brilliant
37.	作用	（名、动）	zuòyòng	function
38.	人类	（名）	rénlèi	mankind
39.	伟大	（形）	wěidà	great
40.	贡献	（形）	gòngxiàn	to contribute
41.	具体	（形）	jùtǐ	concrete
42.	衰弱	（形）	shuāiruò	weak
43.	资本主义	（名）	zīběnzhǔyì	capitalism
44.	萌芽	（动）	méngyá	sprout
45.	进行	（动）	jìnxíng	to undergo
46.	侵略	（动）	qīnlüè	to invade
47.	炮	（名）	pào	big gun, cannon
48.	失败	（动）	shībài	to be defeated, to fail
49.	殖民地	（名）	zhímíndì	colony
50.	革命	（动）	gémìng	revolution
51.	企图	（动）	qǐtú	to attempt
52.	改变	（动）	gǎibiàn	to change
53.	性质	（名）	xìngzhì	nature
54.	进入	（动）	jìnrù	to enter
55.	来不及		láibují	It's too late to

专　名

1.	中国历史博物馆	Zhōngguó Lìshǐ Bówùguǎn	Museum of Chinese History

2. 欧洲	Ōuzhōu	Europe
3. 鸦片战争	Yāpiàn Zhànzhēng	the Opium War
4. 秦始皇	Qínshǐhuáng	the First Emperor of Qin Ying Zheng (r. 246 – 210 B.C.)
5. 西方	Xīfāng	the West
6. 洪秀全	Hóng Xiùquán	Hong Xiuquan, the leader of the Taiping Revolution
7. 太平天国	Tàipíngtiānguó	The Kingdom of Heavenly Peace
8. 孙中山	Sūn Zhōngshān	Dr. Sun Yat-sen (1866 – 1925)
9. 辛亥革命	Xīnhài Gémìng	the Revolution of 1911
10. "五四"运动	"Wǔsì" yùndòng	the May 4th Movement (1919)

注释：

1. 中国历史博物馆、中国革命博物馆

这两个博物馆都建于1959年，位于北京市中心的天安门广场东侧。

The two museums were both built in 1959 on the east side of the Tian'anmen Square in the center of Beijing prorer.

2. 春秋时代

中国历史时期名，由鲁国编年史《春秋》得名。春秋时代指

169

公元前 770 年到公元前 476 年,即东周的前期。

The Spring and Autumn Period (770 – 476B.C) covers the early period of the Eastern Zhou. The name of this period comes from the title of the chronological history *The Spring and Autumn Annals*(春秋)of the Lu State (roughly the Shandong Province of today).

3. 鸦片战争

指 1840 – 1842 年英国对中国发动的侵略战争。从鸦片战争开始,中国一步一步变成了半殖民地半封建社会。

The Opium War refers to the aggressive war (1840 – 1842) waged by Britain against China. Since then, China gradually became a country of semi-colonial and semi-feudal society.

4. 太平天国革命 (1851 – 1864)

指洪秀全 (1851 – 1864) 领导的中国历史上规模最大的农民革命战争。1851 年在广西桂平金田村起义,1853 年在南京建都,建立了农民革命政权——太平天国。1864 年清政府在帝国主义支持下,攻陷南京,太平天国革命宣告失败。

The Kingdom of Heavenly Peace Revolution, the largest revolutionary peasant war in China's history, was led by Hong Xiuquan (1814 – 1864, from Huaxian County, Guangdong Province). It was started in Jintian Village, Guiping County in today's Guangxi Autonomous Region in 1851, and Nanjing was designated its capital in 1853 when the Taiping Tianguo (the Kingdom of Heavenly Peace), the first peasant political power of China, was founded. It was defeated in 1864 when Nanjing was captures as a result of the suppression by the Qing court backed by imperialist powers.

5. 辛亥革命

指1911年由中国伟大的革命先行者孙中山（1866－1925）领导的中国资产阶级民主主义革命。这次革命推翻了清王朝，从而结束了中国两千多年的封建君主专制。由于1911年按中国传统的纪年方法是辛亥年，所以这次革命称为辛亥革命。

辛亥革命 (Xīnhài Gémìng) was the democratic bourgeois revolution led by the great forerunner of the Chinese revolution Dr. Sun Yat-sen (1866 － 1925) in 1911. This revolution led to the overthrow of the Qing Dynasty and marked the end of China's feudal autocratic monarch of over 2000 years. As 1911 was the year of Xinhai according to the traditional way of naming years, the 1911 Revolution is known as the 辛亥革命 in China's modern history.

[附] 中国历史年表

Appendix: Chronological Table of Chinese History

夏	xià	The Xia Dynasty (2140－1711 B.C.)
商	shāng	The Shang Dynasty (1711－1066 B.C.)
周	zhōu	The Zhou Dynasty
西周	xī zhōu	The Western Zhou (1066－771 B.C.)
东周	dōng zhōu	The Eastern Zhou (770－256 B.C.)
秦	qín	The Qin Dynasty (221－206 B.C.)
汉	hàn	The Han Dynasty
西汉	xī hàn	The Western Han (206 B.C.－25 A.D.)
东汉	dōng hàn	The Eastern Han (25－220)
三国	sān guó	The Three Kingdoms of 魏 (Wei) 蜀 (Shu) and 吴 (Wu) (220－280)
晋	jìn	The Jin Dynasty
西晋	xī jìn	The Western Jin (265－317)
东晋	dōng jìn	The Eastern Jin (317－420)

南北朝	nán běi cháo	The Northern and Southern Dynasties (420-589)
隋	suí	The Sui Dynasty (581-618)
唐	táng	The Tang Dynasty (681-807)
五代	wǔ dài	The Five Dynasties (807-906)
宋	sòng	The Song Dynasty
北宋	běi sòng	The Northern Song (906-1127)
南宋	nán sòng	The Southern Song (1127-1279)
辽	liáo	The Liao Dynasty (907-1125)
金	jīn	The Jin Dynasty (1115-1234)
元	yuán	The Yuan Dynasty (1206-1368)
明	míng	The Ming Dynasty (1368-1644)
清	qīng	The Qing Dynasty (1616-1911)
中华民国	zhōnghuá mínguó	The Republic of China (1912-1949)
中华人民共和国	zhōnghuá rénmín gònghéguó	The Poeple's Republic of China (founded on October 1, 1949)

词语例解

1. 经历

动词 (v.)。

(1) 五十年来刘大爷经历过许多大事。

(2) 他没有经历过艰苦的生活,所以也不懂什么是幸福的生活。

名词 (n.)。

(3) 从小学到大学,在学校生活了十六七年,这就是他的经历。

2. 过

　　动词 (v.)。

　　经过或度过（某段时间）。

　　过 may mean "to spend, to pass".

　　(1) 孩子们过着幸福的生活。

　　(2) 他们回家过春节去了。

　　"超过"的意思。

　　过 may mean "to exceed".

　　(3) 八点一刻了，时间过了，张先生怎么还没有来呢？

　　"经过"（处所）的意思。

　　过 may mean "to pass (a place)".

　　(4) 一直往前走，过了这条街就到了。

　　用在动词后，表示人或事物随动作由一个地方到另一个地方。

　　过 may be used after a verb to indicate a result that a person or thing moves from one place to another with the completion of an action.

　　(5) 他接过电报以后马上就打开了。

　　"过"还是词尾。用法见第四十二课。

　　过 is also a suffix, for whose use, please refer to Lesson 42.

3. 等

　　动词 (v.)。

　　(1) 等我写完信，我告诉你一个好消息。

　　(2) 我已经等你半天了，你到哪儿去了？

　　助词 (particle)，表示列举未尽。

　　The particle 等 indicates an incomplete listing.

　　(3) 北京、上海、杭州、广州等都是中国的有名城市。

　　表示列举之后煞尾。

It may also be used to conclude a listing.

(4) 这学期我们有口语、听力、阅读、语法等四门课。

4. 进行

动词（v.）。

单音节词不能做"进行"的宾语。"进行"的宾语若是动词，这动词就不能再带宾语。

Monosyllabic words cannot serve as objects of 进行 and verbs that function as objects of 进行 can never take an object of itself.

(1) 最近工作进行得怎么样？

(2) 足球比赛正在进行。

如果语义上要求有受事，可用介词"对"或"把"引进。

When the verb used as object of 进行 has a recipient, it may be introduced by prepositions such as 对，把, etc..

(3) 大家把这两种录音机进行了比较。

(4) 对孩子要进行思想教育。

(5) 对封建势力进行反抗是这些作品的主要倾向。

5. 变

动词（v.）。

(1) 十多年没见面，你还是那么年轻，一点儿没变。

(2) 她病得很厉害，后来出院的时候我看她都变了样儿了。

"变"可带形容词宾语，如"变好"、"变坏"、"变大"、"变小"、"变年轻"等。

变 may take adjective objects to form V-O phrases such as 变好，变坏，变大，变小，变年轻，etc..

(3) 我发现你从国外回来以后变瘦了。

"变成"是一个动补结构，它的常用格式是"A 变成 B"。后面的宾语是"变"的结果。

变成 is a V-C phrase used in the pattern "A 变成 B" in which

"B" is the result of 变.

(4) 一百多年以前,那里还只是个小小的村子,现在已经变成一个不大不小的城市了。

语　　法

同位词语

Appositive phrases

两个词或词组表示同一事物,组成一个语言单位,这就是同位词组。汉语中常见的同位词组有如下几种形式:

Appositive phrases are two words or phrases referring to the same person or thing combining into one linguistic unit. The following examples show the most common forms of appositive phrases.

1) 外国留学生阿里
   短篇小说《狂人日记》
   歌剧《白毛女》
   杨老师
   明哥
   你自己
   王府井大街
2) 他的老师高开　　　高开,他的老师
   我哥哥张明　　　　张明,我哥哥
   厂团委书记王娟　　王娟,厂团委书记
   原始人的主要生产工具——石器
   石器,原始人的主要生产工具
3) 《愚公移山》这个寓言
   老张这个人
   造纸、印刷、指南针、火药这四大发明

秦、汉、晋、隋、唐、宋、元、明、清等各个朝代

注意：1) 3) 两组同位词组前后两部分不能换位，2) 组中前后两部分可以换位。

Note that the two elements in apposition on groups 1) and 3) cannot occur in different order and those in group 2) may occur in either order.

练 习

1. 讨论题：

(1) 什么叫原始社会？

(2) 中国封建社会经历了哪些朝代？

(3) 中国古代四大发明是什么？

(4) 鸦片战争以后中国为什么变成了一个半封建半殖民地的国家？

2. 复述：

(1) 杨老师在课上介绍中国历史情况。

(2) 杨老师在历史博物馆介绍中国历史情况。

3. 熟读下列词语：

(1) 初期，　中期，　末期

(2) 古代，　近代，　现代，　当代

(3) 爆发战争，　爆发革命，　爆发起义，　爆发政治运动

(4) 原始社会，　奴隶社会，　封建社会，　资本主义社会，社会主义社会

(5) 石器时代，　青铜时代，　铁器时代，　电子时代

4. 用"变"、"变化"、"改变"或"变成"填空：

(1) 工作计划应该随着情况的_____而_____。

(2) 三年不见，这孩子_____聪明了。

(3) 这几天天气没什么_____。

(4) 再过几十年我们就都_____老大爷老大娘了。
(5) 这里以前只是个小卖部,现在_____大商店了。
(6) 随着政治、经济关系的_____,人和人的关系也_____了。
(7) 他还是那个老样子,一点儿也没_____。
(8) 在这个问题上,我决不_____自己的意见。

5. 用"进行"改写下列句子:
(1) 办公室里正在开会。
(2) 这项科学研究还要搞下去。
(3) 明天再讨论别的问题。
(4) 大家比较了这两种意见。
(5) 鸦片战争以后,帝国主义一次又一次侵略中国。
(6) 技术革新搞了一个多月。

6. 解释下列句子中"过"的含义:
(1) 三月一过,天气就该变暖了。
(2) 再过两年,小亮就该上学了。
(3) 他走过一条大街,叫了一辆出租汽车。
(4) 张先生去过许多国家。
(5) 时间过得真快,又该放暑假了。
(6) 上星期天你过得好吗?
(7) 奶奶跟我父亲一起过。

7. 用下列词语造句:
(1) 经历
(2) 等
(3) 企图
(4) 来不及

第七十一课

大教育家——孔子

　　孔子名字叫孔丘,子是尊称,春秋时期鲁国(现在的山东省南部)人,生于公元前551年,死于公元前479年。传说孔子的父母在当地的尼山祈祷以后才生下孔子。尼山不大,只是一个小丘,而孔子的头又和尼山的形状差不多,所以就给他起个名字叫丘。

　　孔子的父亲是一个小官员。孔子三岁的时候,父亲就死了,母亲把他养大成人。孔子小时候就非常喜欢学习,不懂的地方都要问清楚。

　　大约在三十岁时孔子开始从事教育活动。他首创私人讲学。无论是谁,只要交得起学费,他都教他们。教学内容主要是礼乐、政事、伦理、文学,尤其是做人的道理。孔子私人办学,使文化教育得到发展,这在中国教育历史上是一件了不起的大事。据说孔子教过三千多学生,有成就的七十二人。

　　孔子是位大教育家,他非常热爱自己的教育事业。在几十年的实践中,他总结了不少有用的教育经验。他说过"三人行必有我师",意思是说,三个人在一起走,其中一定有我的老师。他经常用这种通俗的比方来启发教育学生虚心向别人学习。他认为，一个人学习时，一定要有老老实实的态度，知道的就说知道，不知道的就说不知道，千万不能不懂装懂，明明不知道还说自己知道。孔子注意了解每个学生的性格特点，然后进行不同的教育。一次，有一个叫子路的学生问孔子："有一件好事，该不该马上去办？"孔子回答："跟大人商量一下再去做！"另一个叫冉有的学生也问过孔子："有一件好事，该不该马上去办？"孔子回答说："当然应该马上去做！"为什么同样的问题，回答却不同呢？原来子路办事草率，孔子就让他想好了再去做，而冉有办事总是害怕，不敢去做，所以就鼓励他大胆去干。

在学习方法上，他提出了学过以后的知识，要注意经常复习、练习，到了熟练以后才能变成自己的东西。在学习和思考的关系上，他认为只读书听讲而不认真思考，是不能很好掌握知识的。但是只是空想乱想，不认真读书也是学不到知识的。

孔子的一生大部分时间从事教育工作。他在教书的同时还整理了不少古代书籍，对传播中国古代文化作出了贡献。孔子是中国古代文化的重要代表人物。

孔子不仅是中国历史上的大教育家，而且也是一个著名的思想家。在政治思想、伦理道德等方面都有自己的主张。孔子曾经用十三年的时间到各国去宣传自己的主张，但是都没有能实现。他死了以后，封建统治阶级发现他建立的儒家学说是维护封建制度的思想武器，所以在两千多年的封建社会中，孔子一直被称为"圣人"。

几千年来,儒家学说对中国的思想政治影响很大。

孔子死后,他的学生把他说过的话整理成一本书,叫《论语》,是研究孔子思想学说的重要材料。

生　词

1. 教育　　（名、动）jiàoyù　　education
2. 家　　　（尾）jiā　　　　　expert（used as a suffix）
3. 尊称　　（名）zūnchēng　　respectful address
4. 当地　　（名）dāngdì　　　local, that place
5. 祈祷　　（动）qídǎo　　　　to pray
6. 丘　　　（名）qiū　　　　　mound
7. 形状　　（名）xíngzhuàng　shape
8. 官员　　（名）guānyuán　　official
9. 抚养　　（动）fǔyǎng　　　to bring up
10. 从事　　（动）cóngshì　　　to be engaged in
11. 首创　　（动）shǒuchuàng　to initiate
12. 私人　　（名）sīrén　　　　private
13. 讲学　　　　　jiǎng xué　　to give lectures
14. 学费　　（名）xuéfèi　　　tuition fee
15. 礼乐　　（名）lǐyuè　　　　rites and music
16. 政事　　（名）zhèngshì　　government affairs
17. 伦理　　（名）lúnlǐ　　　　moral principles
18. 使　　　（动）shǐ　　　　　to make, to cause
19. 得到　　（动）dédào　　　　to get, to obtain

#	词	词类	拼音	英文
20.	热爱	（动）	rè'ài	to love ardently
21.	实践	（动）	shíjiàn	practice
22.	总结	（动）	zǒngjié	to summarize
23.	有用	（形）	yǒuyòng	useful
24.	经常	（形）	jīngcháng	often
25.	通俗	（形）	tōngsú	popular, common
26.	比方	（名）	bǐfang	analogy
27.	启发	（动）	qǐfā	to inspire
28.	虚心	（形）	xūxīn	modest
29.	老实	（形）	lǎoshi	honest
30.	态度	（名）	tàidu	attitude
31.	不懂装懂		bù dǒng zhuāng dǒng	to pretend to understand
32.	明明	（副）	míngmíng	obviously
33.	特点	（名）	tèdiǎn	characteristics
34.	草率	（形）	cǎoshuài	rash
35.	大胆	（形）	dàdǎn	bold
36.	方法	（名）	fāngfǎ	method
37.	熟练	（形）	shúliàn	skillful
38.	空想	（名）	kōngxiǎng	idle dream
39.	乱	（形）	luàn	arbitrary
40.	一生	（名）	yìshēng	all one's life
41.	书籍	（名）	shūjí	books
42.	传播	（动）	chuánbō	to spread
43.	人物	（名）	rénwù	figure (important person), character

44.	道德	（名）	dàodé	moral
45.	主张	（名、动）	zhǔzhāng	to maintain, view
46.	曾经	（副）	céngjīng	an adverb of past experience
47.	宣传	（动）	xuānchuán	to propagate, propaganda
48.	实现	（动）	shíxiàn	to realize
49.	统治	（动）	tǒngzhì	to rule
50.	学说	（名）	xuéshuō	doctrine, theory
51.	维护	（动）	wéihù	to maintain
52.	武器	（名）	wǔqì	weapon
53.	圣人	（名）	shèngrén	sage
54.	材料	（名）	cáiliào	material

专　名

1.	孔子	Kǒng Zǐ	Confucius
2.	鲁国	Lǔguó	the Lu State
3.	尼山	Níshān	Mt. Ni
4.	子路	Zǐ Lù	Zi Lu, whose name is Zhong You (506 B.C.-?)
5.	冉有	Rǎn Yǒu	Ran You (522 B.C.-489 B.C.)
6.	儒家	Rújiā	the Confucian school
7.	论语	Lúnyǔ	The Analects of Confucius

注释:

鲁国

"鲁国"的"国"指中国古代侯王的封地。"孔子…到各国去宣传自己的主张"中所说的"国"也是这个意思。春秋时代比较重要的国有齐、晋、楚、秦、鲁、郑、宋、卫、陈、蔡、吴、越等。

国 in 鲁国 refers to any of the states ruled by the feudal lords in ancient China. 国 in 孔子…到各国去宣传自己的主张 is another mention of such states in the text. Qi, Jin, Chu, Qin, Lu, Zheng, Song, Wei, Chen, Cai, Wu, Yue, etc. were the most important states during the Spring-Autumn Period.

词 语 例 解

1. 交

动词 (v.)。

(1) 上大学的时候我交过十几个好朋友。

把事物转移给有关方面。

交 also means "to hand in, to pay".

(2) 你把练习本交给老师了吗?

(3) 学费、书费和房费我昨天都交了。

2. 千万

副词 (adv.)。

(1) 这是他私人的事,你千万不要去跟别人说了。

(2) 你千万不要忘了告诉他,今天晚上让他在家等我。

(3) 你们千万不要这样做,这样做影响不好。

3. 明明

副词 (adv.),常用来肯定一种情况,后面常有反问的小句。

The adverb 明明 is used to confirm a statement and the second

clause is often a rhetorical question.

(1) 他明明知道这件事，为什么要说不知道呢？
(2) 刚才我明明看见他在教室，现在怎么又不见了？
(3) 这不明明是让你请客吗？

4. 却

副词（adv.），表示转折，多用于书面，跟"但是"、"可是"差不多，可以和"但是"、"可是"连用。

却, whose meaning is similar to the correlatives 但是, 可是, is an adverb often used in written Chinese indicating a transition in speech and may be used together with 但是, 可是, etc..

(1) 已经是夏天了，但是天气却不怎么热。
(2) 这个话剧内容虽然不太吸引人，语言却很美。
(3) 这种东西很便宜，但我却很少买。

5. 乱

形容词（adj.）。

(1) 屋子太乱了，一会儿得整理整理。

副词（adv.）。

(2) 东西用完以后不要乱放。
(3) 马路上车很多，叫孩子们不要在马路上乱跑。

语　法

副词"就"的几种意义

Some meanings of the adverb 就

前面已经学过，副词"就"表示动作发生得快、早、顺利，如：

Previously we have learnt that the adverb 就 indicates that an action takes place soon, early and smoothly, for example:

(1) 祥子恨不得马上就能买上一辆新车。

(2) 孔子小时候就非常喜欢学习。
(3) 今天作业容易，半个钟头就做完了。
"就"还有以下几种常用的意义：
The following meanings of 就 are also common：
1) 表示两件事紧接着发生：
   It expresses that two things happen in close succession：
   (1) 看见祥子进来，虎妞就把筷子放下。
   (2) 虎妞说完就把祥子拉过来，让他一起吃。
   (3) "年"听到"啪"、"啪"的声音就赶快跑了。
2) 表示加强肯定：
   It expresses emphatic affirmation：
   (1) 路北边就是王府井。
   (2) "愚公"就是"笨老头儿"的意思。
   (3) 下面就是五四运动以后的情况了。
3) 表示"只（有）"的意思：
   It expresses the meaning of "only"：
   (1) 这么多人我都没轧，为什么就轧你的脚呢？
   (2) 我就学过中文，没学过别的外文。
   (3) 昨天的晚会，就他没来，别人都来了。
4) 表示总结上文，得出结论：
   It means to conclude from the above statement：
   (1) …这就是愚公精神。
   (2) …这就是北方人过年吃饺子的原因。
   (3) …这就是过年。

练 习

1. 讨论题：
(1) 课文向我们介绍了孔子的哪些教育思想和主张？

(2) 孔子的教育思想在今天还有现实意义吗？为什么？
(3)《论语》是一部什么书？

2. **复述：**
(1) 杨老师和比利一起谈孔子。
(2) 参观孔子的故乡，老师和学生边走边谈孔子。

3. **熟读下列词组：**
(1) 差不多，差得多，差点儿，差远了，差不离儿
(2) 统治阶级，被统治阶级，剥削阶级，被剥削阶级
(3) 通俗的比方，通俗的语言，通俗歌曲，通俗文学
(4) 思想家，教育家，文学家，理论家，哲学家，科学家，政治家，经济学家，军事家
(5) 抚养成人，胡思乱想，不懂装懂

4. **用汉语解释下列词语：**
(1) 抚养成人
(2) 交得起
(3) 做人的道理
(4) 办学
(5) 了不起

5. **在下列句子的适当位置加上"千万"：**
(1) 今天晚上_____睡觉前_____不要忘了吃药。
(2) _____遇到不认识的字要查字典，_____不要怕麻烦。
(3) _____到了广州_____要给我打电话。
(4) _____取得一点成绩_____不要骄傲。
(5) 你的病_____刚好，_____要注意休息，不要累着。

6. **在下列句子的适当位置加上"明明"：**
(1) 我的自行车_____是_____放在这儿的，怎么一会儿就不见了呢？
(2) 她_____有病，_____就是不肯去医院。

(3) ＿＿＿＿这事儿很可笑，你却＿＿＿＿相信了它。
(4) ＿＿＿＿这是你＿＿＿＿同意了的，怎么说了话不算数？
(5) 你＿＿＿＿知道她＿＿＿＿不会喝酒，就别让她喝了。

7．用"却"完成下列句子：
(1) 我弟弟很聪明，＿＿＿＿＿＿＿＿＿＿＿＿＿＿。
(2) 他已经向我道歉了，＿＿＿＿＿＿＿＿＿＿＿＿＿＿。
(3) 别看他火气大，常跟人吵架，＿＿＿＿＿＿＿＿＿＿
＿＿＿＿＿＿＿＿＿＿＿＿＿。
(4) 大学里的学习虽然很紧张，＿＿＿＿＿＿＿＿＿＿。
(5) 这个演员的相貌相当漂亮，＿＿＿＿＿＿＿＿＿＿。

8．说出下列句子中"就"的含义：
(1) 这位就是我常向你提起的李小姐。
(2) 我今天要讲的内容就是这些，谢谢！
(3) 请您再等一会儿，他十分钟以后就回来。
(4) 妈妈看见我走进她的屋子，就跟我叨唠个没完没了。
(5) 小妹上小学的时候就开始学法文。
(6) 我表哥就会吹，什么事也干不了。
(7) 她每天总是吃完饭就上图书馆。
(8) 大家都爱打乒乓球，其中就小朱打得好。

第七十二课

夜 话（上）
（电视剧本）

人物：王建国：31岁，某国营工厂技术员。
　　　赵慧芬：27岁，王建国的妻子，某工厂工人。
　　　小　宝：婴儿，王建国的儿子。
　　　郑大爷：60多岁，王建国的邻居，退休后看公用电话。
　　　魏淑敏：30多岁，女工人。

　　赵慧芬家，室内。
　　这是一个普通工人家庭，室内布置很简单，除了一张双人床、一张写字台和几把椅子以外，还有一张吃饭的桌子。
　　赵慧芬正在桌子上切菜准备做晚饭。
　　床上躺着婴儿小宝，被妈妈切菜的声音吵醒，哭了起来。
　　赵慧芬忙放下菜刀，跑过去拿牛奶给小宝吃。小宝不哭了。
　　赵慧芬看着吃着牛奶的小宝。孩子睡下，她疲惫地喘了一口气，然后站起身来，继续切菜。切完菜，走出屋去厨房炒菜。

厨房

赵慧芬点着煤气,把菜放在锅里,刚炒了两下,屋里又传出小宝的哭声。她赶快又跑进屋去。

室内

赵慧芬抱起小宝说:"别哭了,别哭了!你那该死的爸爸下班不回家,咱们不要他了!……"

这时门外传来郑大爷的声音:"糊了,锅糊了!"

赵慧芬一听赶快跑到外面。

厨房

赵慧芬跑过去关上煤气。锅里的菜黑了一大半。她只好倒出来。

赵慧芬又点煤气,煤气没有了。

院子里

赵慧芬把煤气罐放在一辆小车上,转身对郑大爷说:"郑大爷,我去换煤气,劳您驾给看着门。"

郑大爷:"行,行,交给我吧。"

赵慧芬推着煤气罐向院子外边走去。

郑大爷望着她的背影,同情地说:"真不容易呀!"听到电话铃声,他转身进屋。

郑大爷家,室内。

郑大爷接电话:"喂,是甲五号,你找谁?"

某国营工厂办公室
王建国在打电话:"郑大爷,我是建国呀。劳驾您告诉慧芬一声,今天晚上厂子里有点儿事,我得晚点儿回家,让她别等我吃饭了!……"
郑大爷非常关心地说:"建国,完事儿早点儿回来。慧芬一个人里里外外忙得团团转。"
"好,完了事我就回去。谢谢您了,郑大爷。"王建国说。

胡同里
赵慧芬推着煤气罐,累得满头大汗地走着。

院子里
郑大爷帮助赵慧芬把煤气罐从小车上搬下来。
郑大爷:"对了,刚才建国来电话,说他厂子里有事,告诉你,不要等他吃饭了。"
赵慧芬:"他没说厂子里什么事呀?"
郑大爷摇摇头:"没有。"
赵慧芬立刻生气地说:"瞎说,什么厂子里有事!说不定到哪儿玩儿去呢。"
郑大爷:"哪儿能呀,建国可不是那样的人。"
赵慧芬:"郑大爷,您不知道,他回到家什么事也不干。"

郑大爷解释说:"他忙呀!技术员,又是先进生产者。"

"他先进,我不反对他,"赵慧芬说,"可是他对我们娘儿俩的事一点儿都不放在心上。您就拿小宝送托儿所的事来说吧!我跟他提了多少回了。他总说厂子里托儿所孩子满了。可您看人家主任、科长的孩子照样往里送。还有我调动工作的事。我从去年就跟他说,让他去联系,可是他呢?就是不管。可您看,咱们院里的魏淑敏走了个后门,就调到他们厂去了。"

郑大爷:"建国这孩子我知道,个人的事他不愿意说。"

赵慧芬:"行,他不说我说。您看吧,今天晚上我就和他摊牌。"

"别这样。两口子的事儿好好商量。"郑大爷劝着。

"我啊,这次我也不跟他吵。咱们呀,好离好散。"

"可别这么说。你们娘儿俩先休息休息,有什么事说一声。"郑大爷说。

赵慧芬走进自己的屋去。郑大爷也转身回自己的屋。

生　　词

1. 国营　　(名) guóyíng　　state-run
2. 技术员　(名) jìshùyuán　 technician
3. 婴儿　　(名) yīng'ér　　baby, infant
4. 公用　　(动) gōngyòng　 public

5.	室	（名）	shì	room
6.	普通	（形）	pǔtōng	ordinary, general
7.	家庭	（名）	jiātíng	family
8.	布置	（动）	bùzhì	to arrange
9.	双人床	（名）	shuāngrénchuáng	double bed
10.	写字台	（名）	xiězìtái	writing desk
11.	切	（动）	qiē	to cut with a knife
12.	吵	（动）	chǎo	to make a noise, to quarrel
13.	疲惫	（形）	píbèi	exhausted
14.	喘	（动）	chuǎn	to pant
15.	气	（名）	qì	breath
16.	继续	（动）	jìxù	to continue
17.	炒	（动）	chǎo	to fry and stir
18.	点	（动）	diǎn	to light
19.	煤气	（名）	méiqì	gas
20.	锅	（名）	guō	cooking pot
21.	抱	（动）	bào	to carry in one's arm
22.	该死		gāi sǐ	an expression of dislike
23.	糊	（动）	hú	(of food) burnt
24.	关	（动）	guān	to close, to turn off
25.	罐	（名）	guàn	cylinder
26.	转（身）	（动）	zhuǎn (shēn)	to turn (round)
27.	推	（动）	tuī	to push

28.	望	(动)	wàng	to look over, to gaze into the distance
29.	背影	(名)	bèiyǐng	receding figure
30.	同情	(动)	tóngqíng	to sympathize
31.	接	(动)	jiē	to receive
32.	办公室	(名)	bàngōngshì	office
33.	关心	(动)	guānxīn	to be concerned with
34.	里里外外		lǐlǐwàiwài	inside and outside
35.	满头大汗		mǎn tóu dà hàn	one's face streaming with sweat
36.	立刻	(副)	lìkè	at once, immediately
37.	瞎说	(动)	xiāshuō	to talk nonsense
38.	先进	(形)	xiānjìn	advanced
39.	娘儿俩	(名)	niángrliǎ	mother and child
40.	托儿所	(名)	tuō'érsuǒ	nursery
41.	满	(形)	mǎn	full
42.	主任	(名)	zhǔrèn	head of an office
43.	科	(名)	kē	section (a subdivision of an administrative unit)
44.	长	(名)	zhǎng	section head
45.	照样		zhào yàng	as usual
46.	调动	(动)	diàodòng	to transfer
47.	走后门		zǒuhòuménr	to enter by the back door — to secure advantages through pull or influence

48.	个人	（名）	gèrén	individual, oneself
49.	摊牌		tān pái	to show one's cards
50.	两口子	（名）	liǎngkǒuzi	couple (husband and wife)
51.	好离好散		hāo lí hǎo sàn	to separate calmly

注释：

1. 该死，瞎说

这是两个常用的斥责人的用语。"该死"可单独使用，也可作定语（该死的××），这个词妇女用得较多。

These are two common expressions of reproach. 该死 (damned) may be used isolatedly or as attributive (该死的××) and it is more often used by women

2. 煤气罐，换煤气

中国一些城市家庭里使用罐装液化石油气，一罐用完了，到煤气站去换一罐新的（即换煤气）。

Families in some cities in China use liquid gas kept in cylinders. When one cylinder of gas is exhausted, a new one may be bought from a nearby gas supply service station.——Such is what 换煤气 means.

3. 对了

在谈话中记起另一件事时，用"对了"表示转换话题。

对了 is used in conversation to change the topic when the speaker remembers something else.

4. 走后门

表示通过人情办事。

走后门 means "to do sth. by the back door".

5. 两口子

指夫妇。如：

两口子 refers to a married couple, e.g.

你们两口子，他们两口子

"两口儿"也指夫妇，常说"老两口儿"、"小两口儿。"

两口儿 also means a married couple and is used in 老两口儿 (old couple), 小两口儿 (young couple), etc..

6. 娘儿俩

指母亲和一个儿子或女儿，祖母和一个孙子或孙女，外祖母和一个外孙或外孙女等。其他说法有：

娘儿俩 refers to mother and a son or daughter, grandmother and a grandson of grand-daughter, etc..Here are some similar expressions:

爷儿俩（父子俩、父女俩、爷孙俩）

姐儿俩（姐弟俩、姐妹俩）

哥儿俩（兄弟俩、兄妹俩）

这些说法有时用于没有亲属关系的人，表示关系密切。

These expressions are sometimes used between people who are not kinfolks to indicate close relationship.

词 语 例 解

1. 忙

动词（v.）。

(1) 你最近忙什么呢？

(2) 又要工作，又要学习，又要干家务事，他每天忙得团团转。

形容词（adj.）。

(3) 我上星期不忙，这星期比较忙。

(4) 她正写信，听到儿子的哭声，她忙放下笔跑过去抱起孩子。

2. 点

动词（v.）。

(1) 刚才我碰见李老师，他跟我点了点头，没说什么。

(2) 这是382块，您点一下。

(3) 她要点火做饭，煤气没有了。

名词（n.）。

(4) 他们每天五点下班。

(5) 到点了，快走吧。

(6) 这个学校女教师占教师总人数的百分之四十一点三。

量词（measure word）。

(7) 你饿了，你先吃一点儿吧。

(8) 对这个问题，我提三点意见。

3. 可

助动词（auxiliary verb）。

(1) 这些话可说可不说，我看就不说了。

(2) 北京可参观游览的地方很多。

副词（adv.）。

(3) 你说错了，他可不是那样的人。

(4) 你说话可要算数的。

(5) 他可说过他不会做饭。

(6) 这个问题可不简单，大家商量商量再说。

4. 简单

形容词（adj.）。

(1) 这个故事比较简单，但却非常有意思。

(2) 事情常常不是人们想的那样简单。

(3) 他会五种外语，真不简单。

(4) 时间不够，关于中国的地理情况，我今天就简单地介绍这些。

5. 送

动词（v.），把东西拿去给人。

The verb 送 means "to deliver".

(1) 你把这些东西给王师傅送去。

(2) 他把信送给张大娘了。

"赠送"的意思。

It also means "to give…as a present".

(3) 明天是你的生日，我送你一个生日蛋糕。

(4) 这两本书是我姐姐送我的。

"送别"的意思。

Another meaning of 送 is "to see sb. off" or "to take sb. to (a place)".

(5) 他去火车站送朋友了。

(6) 你先走，我要送孩子去托儿所。

语　　法

1. 表示人或事物的出现或消失的句子

Sentences expressing appearance or disappearance of a person/thing

我们学过用"有"和"V-着"表示事物存在的句子：

We have learnt sentences in which 有 or V-着 is used to express existence of something：

NP + VP + NP

时间或地点 Time or place

(1) 屋子里　　有　　一张桌子。

(2) 箱子里　　放着　　几件衣服。

这个句型中的 VP 可以是表示事物出现或消失的动词或动词词组，如：

In the above pattern the VP may be a verb or verb phrase expressing appearance or disappearance of things, for example:

(1) 屋里传出小宝的哭声。
(2) 门外传来郑大爷的声音。
(3) 公元前209年爆发了中国历史上第一次农民大起义。
(4) 前边过去一个人。

表示事物出现的动词或动词词组 Verbs or verb phrases expressing appearance of things	表示事物消失的动词或动词词组 Verbs or verb phrases expressing disappearance of things
来/V-来	去/V-去
出/V-出	走/V-走
出来/V-出来	出去/V-出去
上来/V-上来	上去/V-上去
下来/V-下来	下去/V-下去
进来/V-进来	进去/V-进去
回来/V-回来	回去/V-回去
过来/V-过来	过去/V-过去
起来/V-起来	跑/V-跑
出现	失去
爆发	
产生	
成立	

发表

发生

建立

2. 一点儿也（都）不（没）…

The expression 一点儿也（都）不（没）…

"一点儿也（都）不（没）…"用来强调否定，后面可跟动词或形容词：

The expression 一点儿也（都）不（没）… functions to emphasize a negation and it may be followed by a verb or an adjective：

1) 一点儿也（都）不（没）+ V

(1) 英文他一点儿也（都）不会。

(2) 他一点儿也不关心我们的事。

(3) 那么多东西他一点儿也没吃。

2) 一点儿也（都）不 + Adj.

(1) 这样的衣服一点儿也不好看。

(2) "这件衣服大了吧？""一点儿也不大，正好！"

(3) 这个孩子一点儿也不笨，就是不努力。

练　习

1. 讨论题：

(1) 赵慧芬在家忙得团团转，她忙些什么？

(2) 赵慧芬要和丈夫摊牌，摊什么牌？

2. 复述：

(1) 赵慧芬讲自己家的事。

(2) 郑大爷讲赵慧芬家的事。

(3) 请你讲一讲赵慧芬家的事。

3．熟读下列词语：

(1) 站起身来　转过身去　翻过身来
(2) 瞎说，　　瞎忙，　　瞎猜，　　瞎问，　　瞎跑
(3) 满头大汗　满身土，　满屋子人，　满脸不高兴
(4) 告诉一声，答应一声，招呼一声，说一声，叫一声

4．用汉语解释下列句子中带点儿的词语：

(1) 退休后看公用电话。
(2) 点着煤气
(3) 劳您驾给看着门。
(4) 慧芬一个人里里外外忙得团团转。
(5) 去你的!
(6) 锅里的菜黑了一大半。

5．用"一点儿也（都）不（没）…"改写下列句子：

(1) 他对足球不感兴趣。
(2) 这里虽然已经是冬天了，但天气却不冷。
(3) 王建国不把家务事放在心上。
(4) 我说的句句是事实，没有瞎话。
(5) 他总觉得自己正确，不理解别人的困难。
(6) 昨天的考试不难。
(7) 这家饭馆的饭菜不怎么样，可价钱却不便宜。
(8) 大娘说的是一口南方话，我听不懂。

6．说出下列句子中"送"的含义：

(1) 看，这是她送我的圣诞礼物。
(2) 明天我要去机场送你。
(3) 昨天夜里是朱小姐开车送我回来的。
(4) 有些商店开展送货上门服务，方便了顾客。
(5) 别送了，请回吧。

7. 用下列词语造句:
   (1) 劳您驾
   (2) 可
   (3) 说不定
   (4) 照样
   (5) 关心

第七十三课

夜 话(下)
(电视剧本)

夜,院里,自来水龙头,赵慧芬正洗衣服。魏淑敏推着自行车进院,见到赵慧芬。

魏淑敏:"哟,这么晚了,还洗衣服呀……"

赵慧芬:"我不洗,谁洗呀!"

魏淑敏:"哟,你们家有喜事了,你怎么还不高兴!"

赵慧芬:"我们家能有什么喜事!我说魏大姐,您别跟我开玩笑了。我这儿都快累死了。"

魏淑敏:"你们家建国当厂长了。"

赵慧芬:"什么,当厂长了?"

魏淑敏:"啊。"

赵慧芬:"真的啊?"

魏淑敏:"今天下午选上的。你还不知道啊?"

赵慧芬听出来了,魏淑敏没开玩笑:丈夫当了厂长。这个消息,自然使她心中十分高兴,但她又尽量控制自己:"他当厂长对我有什么好处,还不是照样受苦受累。"说完继续洗衣服。

魏淑敏推车走过去,望着赵慧芬的背影:"哼,假里假气的,少来这一套。"

室内

赵慧芬手里切着菜,嘴里哼着流行歌曲,心里非常高兴,切菜也快了。孩子被吵醒,她赶快走过去:"听话,好好睡觉……"

小宝又睡着了。

赵慧芬也打起瞌睡。

(梦中)

赵慧芬送小宝去工厂托儿所。

赵慧芬到工厂人事科办手续,调动工作。人事干部热情欢迎她。

赵慧芬欣赏自己的新房子。

(回到现实)

大院里各家的电灯都灭了。

室内

赵慧芬被钟声吵醒,她看了看表,走到厨房重新做饭。

赵慧芬把炒好的菜放在桌子上。她对着镜子理了理头发,然后坐下来,一边缝衣服一边等着丈夫回来。

院里

王建国推车走向自己的家门口,他轻轻地敲了两下门。

"谁呀?"

"我!"

赵慧芬很快把门开开。

王建国走进室内,赵慧芬说:"哟,回来了。来,给我。"说着从王建国手里接过东西。

王建国看着床上的儿子说:"睡半天了吧?"

赵慧芬:"别把他弄醒了。"

王建国:"不会的。"

赵慧芬:"吃饭了吗?"

王建国:"吃了点儿。我在厂里吃了两口馒头。"

赵慧芬:"这么大人了,也不知心疼身体。"

王建国发现桌子上放着饭菜,他高兴地走过去,说:"嗬,都准备好了,我还真饿坏了!"

赵慧芬:"等等,你给我坐下。看看表,几点了?"

王建国:"都快十一点了。"

赵慧芬:"下了班你不回家,干什么去了?"

王建国:"开会了。"

赵慧芬:"开会,开什么会呀?"

王建国:"厂干部会。"

赵慧芬:"哎哟,一个小小的技术员,还开什么厂干部会!"

王建国:"我被选上当厂长了。当然得参加了。"

赵慧芬:"嗬,原来是当官儿了。还想瞒着我呀!"

王建国:"我瞒着你干什么呀?这不是没来得及告诉你吗?"

赵慧芬:"人家早就告诉我了。嘿,跟我说说,怎么被选上的?"

王建国:"厂代表大会上选的。你问这个干什么?"

赵慧芬:"以后人家要问起我来,我好给你说呀。"

王建国:"你就告诉他们,厂工人代表大会选上的。你啰嗦什么!我都饿坏了。"

赵慧芬拿出酒,给王建国倒了一杯说:"给。"

王建国:"你这人半夜三更喝什么酒呀?"

赵慧芬:"你当官了,咱也得祝贺祝贺。"

王建国:"好。"

赵慧芬:"来,干杯。"

王建国:"瞧你高兴的样儿。"

赵慧芬:"真没想到,你还真有两下子。这下儿咱们家的事,就好办了。"

王建国:"咱们家什么事呀?"

赵慧芬:"咱们家小宝进托儿所的事大概没有问题了吧。说不定我调动工作的事也没问题了。还有,可能还能分咱一套新房子呢。"

王建国:"你瞎说些什么啊?"

赵慧芬:"怎么是瞎说啊。你不相信,你看着,你当了官,咱家这点儿小事,你不张口,有人会给你办的。"

王建国:"我要是不同意呢?"

赵慧芬："我还真看不出来，你有那么高的觉悟？"

王建国："说不定真有呢。"

赵慧芬："嘿，我说呀，别跟我废话了。你还要不要这个家呀？"

王建国："你听我慢慢跟你说啊。"

赵慧芬："我不听，你说干脆的吧。你到底管不管？"

王建国："你这个人啊，我刚当上厂领导，能先给咱家办事吗？你忘了呀，后院那个老刘刚当上厂领导，就先把他小姨子调到厂子里去了。大伙儿怎么骂他的呀。你又说了些什么？我要也这么干，大伙儿怎么说我啊？"

赵慧芬："别人怎么样我不管。谁还能没一点儿私心。"

王建国："你……"

赵慧芬："算了，算了，我算是看透了。"

王建国："慧芬，有事你慢慢说嘛。"

赵慧芬："我告诉你，从今天起，咱俩换一换，孩子你来管，明天我就回娘家。"

这时睡在床上的小宝被吵醒了。他大哭起来。

赵慧芬抱起孩子给了王建国，然后她生气地躺在床上睡了。

小宝仍然哭着。王建国抱着孩子。他想叫赵慧芬，但又没有叫。一会儿小宝的哭声慢慢地小了。他走到桌子前，一边抱着孩子，一边拿出笔记本，考虑第二天该处理的事情。

夜更深了。

生　词

1. 喜事　　（名）xǐshì　　　happy event
2. 当　　　（动）dāng　　　to serve as
3. 选　　　（动）xuǎn　　　to elect
4. 消息　　（名）xiāoxi　　news, information
5. 控制　　（动）kòngzhì　to control
6. 好处　　（名）hǎochu　　advantage
7. 受苦受累　　　shòu kǔ　to suffer hardships and
　　　　　　　　shòu lèi　trouble
8. 哼　　　（叹）hēng　　　Humph!
9. 假里假气　　　jiǎlijiǎqì　hypocritical
10. 套　　　（名）tào　　　set
11. 哼　　　（动）hēng　　　to hum
12. 流行　（形、动）liúxíng　popular, pop
13. 歌曲　　（名）gēqǔ　　　song
14. 瞌睡　　（名）kēshuì　　doze off
15. 梦　　　（名）mèng　　　dream
16. 人事　　（名）rénshì　　personnel
17. 手续　　（名）shǒuxù　　formalities
18. 热情　　（形）rèqíng　　warm, enthusiastic
19. 房子　　（名）fángzi　　house
20. 现实　　（名）xiànshí　　reality

21.	电灯	（名）	diàndēng	electric lamp
22.	灭	（动）	miè	(of light) to go out
23.	钟	（名）	zhōng	clock
24.	重新	（副）	chóngxīn	again, (to do sth.) all over again
25.	镜子	（名）	jìngzi	mirror
26.	理	（动）	lǐ	to have (one's hair) done
27.	缝	（动）	féng	to sew
28.	轻	（形）	qīng	soft, quiet
29.	心疼		xīn téng	to love dearly
30.	官	（名）	guān	official, officer
31.	瞒	（动）	mán	to hide the truth from
32.	来得及		láidejí	it's not late to do sth.
33.	大会	（名）	dàhuì	conference
34.	啰嗦	（动）	luōsuo	to talk long-windedly
35.	杯	（量）	bēi	cup
36.	半夜三更		bànyè sāngēng	deep at night
37.	瞧	（动）	qiáo	to look
38.	有两下子		yǒu liǎng xià zi	to know one's stuff
39.	分	（动）	fēn	to share, to allot
40.	张口		zhāng kǒu	to open one's mouth ——to speak

41. 觉悟	（名、动）juéwù	consciousness, awareness
42. 嘿	（叹）hēi	hey
43. 废话	（名、动）fèihuà	nonsense, to talk nonsense
44. 小姨子	（名）xiǎoyízi	one's wife's younger sister
45. 大伙儿	（名）dàhuǒr	everybody
46. 私心	（名）sīxīn	selfishness
47. 看透	（动）kàntòu	to look through
48. 娘家	（名）niángjia	a married woman's parents' home
49. 仍然	（副）réngrán	still
50. 文件	（名）wénjiàn	documents, papers
51. 处理	（动）chǔlǐ	to take up, to deal with

注释：

1. 小姨子

口语中指妻子的妹妹。妻子的姐姐叫"大姨子"。

In spoken Chinese 小姨子 refers to one's wife's younger sister. One's wife's elder sister is 大姨子.

2. 魏大姐

In spoken Chinese, kinship terms are often used to address people who are close to the speaker.

3. 干杯

"干杯"是劝人喝酒或用酒表示祝贺时常用的说法。

干杯(take a toast, bottoms up) is used to persuade others to drink or to congratulate others with wine.

为您的健康干杯!

为友谊干杯!

4. 前院、后院、外院、里院

北京的四合院有的有两层院子,纵向排列的,有街门的院子叫前院,另一个叫后院;横向排列的,有街门的叫外院,另一个叫里院。如图:

Some of the traditional houses in Beijing have two courtyards communicating with each other. If the two are arranged in a column, the one with the main entrance is called 前院 and the other is 后院. If they are arranged in a row, the one with the main entrance is called 外院 and the other is 里院. See the figure below.

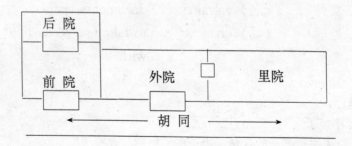

词 语 例 解

1. 受

动词(v.),接受或遭受的意思。

The verb 受 means "receive", "accept", "suffer", etc..

(1) 听了他的报告,大家很受感动。

(2) 这种毛衣很受女青年的欢迎。
(3) 他这次没考好,受批评了。

2. 重新

副词(adv.),表示从头另行开始,再一次。
The adverb 重新 means "(to do) all over again".
(1) 她把菜炒糊了,又重新炒了一个。
(2) 你再重新检查一遍,看看有没有错。
(3) 我怕他没听清楚,又重新给他讲了一遍。

3. 死

动词(v.)。
(1) 孔子三岁时就死了父亲。
(2) 他表姐去年死在国外。
形容词(adj.)。
(3) 你看,这儿有一只死狗。
(4) 这两天他忙死了,连饭都没好好吃。

4. 坏

形容词(adj.)。
(1) 钢笔坏了,不能用了。
(2) 这是一种坏习惯,应该改掉。
(3) 这个字写坏了,你再重新写一个。
(4) 你不来信,你妈妈急坏了。

5. 仍然

副词(adv.)。
(1) 王厂长下班以后仍然在考虑工人们上午提出的问题。
(2) 考试过去了,他学习仍然很认真很努力。
(3) 跟他谈过几次了,他仍然不愿意改变自己的主张。

语　法

1. 用"什么"的反问句

Rhetorical questions using 什么

疑问代词"什么"用于反问句表示强调的否定、不满、不同意等意思，如：

The interrogative pronoun 什么 in rhetorical questions expresses emphatic negation, dissatisfaction or disagreement, for example：

(1) 我们家能有什么喜事！
(2) 我什么时候骗过你？
(3) 他当厂长对我有什么好处！
(4) 一个小小的技术员，还开什么厂干部会！
(5) 你啰嗦什么？
(6) 你这人半夜三更喝什么酒呀？

2. "V-出来"表示辨认

"V-出来" phrases express recognition

某些动词与"出来"结合表示辨认的意思，"V-出来"还常用"V 得/不 出来"的形式，如：

Some verbs may be combined with 出来 to express recognition and the "V-出来" phrases may be used in the common form of V 得/不出来, for example：

听出来

(1) A. 远处是什么声音：你听出来了吗？
　　B. 没听出来。
(2) A. 你听得出来电话里是谁在说话吗？
　　B. 声音太小了，我听不出来。

看出来

(1) A. 这张照片上照的是什么地方，看出来了吗？

B. 没看出来。

A. 这是颐和园。

B. 是吗？哦，是从后边照的，刚才我一点儿也没看出来。

(2) A. 石头上是什么字，你看得出来吗？

B. 这么不清楚，我看不出来。

认出来

(1) A. 老张！你看，十年不见，你的样子一点儿没变，我一下子就认出来了。

B. 你是……？

A. 我是小李啊。

B. 哦，你的变化太大了，我没认出来。

(2) A. 你看看这张照片，认得出来这是谁吗？

B. 认不出来。是谁？

A. 这是王刚十年前的照片。

B. 真的？一点儿也认不出来了。

练　习

1．讨论题：
(1) 赵慧芬切菜的时候，嘴里为什么哼着流行歌曲？
(2) 丈夫当上厂长以后，赵慧芬为什么很高兴？
(3) 赵慧芬的要求被丈夫拒绝以后，她心里是怎么想的？
(4) 你对王建国和赵慧芬这两个人物有什么看法？

2．复述：
(1) 赵慧芬继续说家里的事。
(2) 王建国说这一天发生的事。

3．熟读下列词语：
(1) 受苦受累，　假里假气，　半夜三更

(2) 少来这一套， 有两下子， 说干脆的， 看透了
(3) 饿坏了， 累坏了， 忙坏了， 气坏了， 急坏了

4. 用"被"或"受"填空：
(1) 那个孩子因为撒谎，____他爸爸打了一顿。
(2) 祥子____兵抓走以后____了很多苦。
(3) 听了他的故事，大家很____感动。
(4) 大家____他的故事感动得流下了眼泪。
(5) 我们决不能____困难吓倒。
(6) 在封建社会里，农民____地主剥削。
(7) 你的提议____到了大家的热烈欢迎。
(8) 谢谢，您____累了。
(9) 顾客们____她的态度吓跑了。
(10) 医院里的病人____到很好的照顾。

5. 用"什么"把下列句子改为反问句：
(1) 我从来也没瞒过你。
(2) 十年以后，这条街还是老样子，没有变化。
(3) 他在家只知道看书，不做家务事。
(4) 研究这个问题没有价值。
(5) 别开玩笑，她会生气的。
(6) 就这样决定吧，不用再没完没了地讨论了。
(7) 这种事一点儿也不可笑。
(8) 该睡觉了，别打扑克了！

6. 用下列词语造句：
(1) 仍然
(2) 看出来
(3) 认出来
(4) 重新
(5) 听出来

第七十四课

杜师傅与郭奶奶（上）

一

小香山，这个街心公园，虽然很小，但它吸引着许许多多的人。白天孩子们来这儿玩儿，晚上青年人在这儿散步聊天，而早晨这儿却是属于老人们的。

老花匠杜芒种，从小就跟花草打交道。他在这个街心公园已经工作了三十多年了。每天清晨他准时打开园门迎接老人们。

"早啊，杜师傅！"

"您早啊！"

"昨晚睡得好？"

"好，劳您惦记！"

"今天早上精神好啊？"

"好，和您一样好。"

……

这些话在年轻人听起来，会觉得唠叨，可说可不说，但是，老人们却觉得很亲切。

对于孤身老花匠来说，这是一天里最幸福的时刻。

每天的活儿就是这样开始的。整个早晨他都不会离开园门附近。从这里可以望见每一个进入公园的人。

经常来公园的老人里有喜欢玩鸟的谭爷，爱好京剧的陈爷，某出版社退休的郑社长，还有方老夫妇，卖冰棍儿的于奶奶，推着儿童车的郭奶奶。

多少年来郭奶奶一直在看小孩。有人算过，她已经看大了十四个孩子，有自己的儿孙，也有别人的孩子，现在仍然推着儿童车。

这天早晨，别的老人都来了，只有一个人还没有来。

杜师傅一边干活儿，一边听着老人们的谈话，同时眼睛不断地望着公园的门外，他在等着一个人。

一会儿，推着儿童车的郭奶奶来了。

"您……忙着呢！"她笑着跟杜师傅打招呼。

"您也……忙着呢！"他也笑着回答。

他俩说完话，几乎同时轻轻地出了一口气，好像完成了一项重要的任务，好像他的等和她的到来就是为了说这么一句简单的话。

郭奶奶，她的姓名人们不知道，只知道她已经死了的丈夫姓郭，尽管她丈夫已经死去了三十多年了，人们仍然用他的姓来叫她。

二

有一年冬天的一个下雪天，来公园的人很少。杜师傅发现花房外边有一个四十多岁的妇女，在一边哭一边烧纸钱。烧完纸钱,当她隔着玻璃往花房里看花时,杜师傅走了过去,他说:"大姐喜欢花儿,我开开门,里面看看,暖和一下再走吧。"

进了花房,她走到一盆开着的名贵花前看了看。

"您认识这种花?"杜师傅问。

"怎么不认识,这叫鹤望兰。"

"您家里有人养花?"

"我父亲和孩子他爸都是花匠。"

"他们在哪儿工作?"

"早都去世了。"

"对不起,我不知道。"

"没关系。请问师傅贵姓?"

"我姓杜。您喜欢花儿,以后常来看看吧。"

"平时哪儿有时间呀?不瞒您说,今天是孩子他爸的忌日,孩子们谁还记着这个?他爱花儿,所以我就到这儿来看看。您不会过意吧?"

"哪儿能呢?您有几个孩子?"

"四个。我二十四岁那年,孩子他爸就死了。解放前我给人家做针线、洗衣服养活孩子们。解放后,孩子们一个个都大了,为了多挣几个钱给他们结婚,我给人家看孩子,先后看了五个……别人的孩子大了,飞了,不认识了,还没什么说的。您猜怎么着,自己的儿女、孙子孙女,也是一样!我给大儿子看完,给大女儿看。这不,二儿子又把孩子给我了。孩子大了,哪个体贴老人的心?您说,这一辈子还有完吗?"

"您这也是福气，哪儿像我……"他说到这里，没有说下去。

"您家里就没个人吗？"

"以前家里穷，父母死得早，我一个人来城里干活儿。没有人给帮忙，谁嫁我这个穷花匠！后来，年纪大了，也就算了，怎么不是一辈子！"

他们谈得是那样地投机，他多么希望多谈一会儿啊！

他送她到花房外，这才想起来问："您贵姓？"

"孩子他爸姓郭，年轻时人家都叫我郭大嫂，现在叫我郭大娘。"

"那您自己的姓名呢？"

"姓名？连我儿女都不知道呢。我娘家姓贺，我出生时父亲正好养着一盆鹤望兰。一看是个女孩子，就叫我贺望兰。您别说出去，叫人笑话，我哪儿配？"

两年过去了。公园领导知道他俩的事以后，就去找方奶奶，请她当媒人。郭奶奶回答方奶奶的是："年轻时没打这个主意，现在岁数大了，又有孙子了，叫人笑话。"

老人们几次要给杜师傅介绍别的人，他都不同意。他仍然想着她。于是方奶奶又去找郭奶奶。这次她说："二儿媳妇刚生了孩子，要人照顾……等孙子大些，能离开人了再说吧。"

杜师傅听了这句话，高兴得什么似的，他不怕等。

但是，多少个春天过去了。郭奶奶又多少次想冲出她那热闹而又寂寞的家来到小香山和杜师傅作伴。可是她感情冲不开心上的铁锁,那把铁锁锁了几千年了,已经生锈了,砸都砸不开了。

她并不是无情的。每年春夏之间,她都要来帮他洗洗棉衣、被子、褥子。有几次谈话,她总是劝他另找一个合适的。但他总是摇摇头。

她叹口气说:"老了,这一辈子就这么着了,死了心吧!"

但他没有死心。

生　词

1. 师傅	(名)	shīfu	master (a skilled workman with his own business)
2. 街心	(名)	jiēxīn	middle of the street
3. 白天	(名)	báitiān	daytime
4. 早晨	(名)	zǎochen	morning
5. 属于	(动)	shǔyú	to belong to
6. 花儿	(名)	huār	flower
7. 匠	(名)	jiàng	workman (who is skilled in a certain trade)
8. 准时	(形)	zhǔnshí	in time, punctual
9. 惦记	(动)	diànjì	to bear in mind
10. 亲切	(形)	qīnqiè	kind, cordial

11.	孤身	(名)	gūshēn	solitary person
12.	时刻	(名)	shíkè	time, moment
13.	鸟	(名)	niǎo	bird
14.	出版社	(名)	chūbǎnshè	publishing house
15.	夫妇	(名)	fūfù	husband and wife
16.	冰棍儿	(名)	bīnggùnr	ice sucker
17.	儿童	(名)	értóng	children
18.	几乎	(副)	jīhū	almost
19.	项	(量)	xiàng	a measure word
20.	任务	(名)	rènwù	task, duty
21.	花房	(名)	huāfáng	greenhouse
22.	妇女	(名)	fùnǚ	woman
23.	烧	(动)	shāo	to burn
24.	纸钱	(名)	zhǐqián	coin-shaped paper (used in commemorating the dead
25.	盆	(量)	pén	pot, basin
26.	开	(动)	kāi	to bloom
27.	名贵	(形)	míngguì	precious, valuable
28.	养	(动)	yǎng	to grow (flowers)
29.	去世	(动)	qùshì	to pass away
30.	忌日	(名)	jìrì	a day to be avoided – anniversary of the death of a friend or relative
31.	过意	(动)	guòyì	to mind
32.	解放	(名、动)	jiěfàng	liberation, to liberate

33.	针线	（名）zhēnxiàn	needle and thread-needlework
34.	先后	（名）xiānhòu	one after another, successively
35.	体贴	（动）tǐtiē	to show consideration for
36.	一辈子	（名）yíbèizi	all one's life
37.	福气	（名、形）fúqi	good fortune
38.	穷	（形）qióng	poor
39.	大娘	（名）dàniáng	aunt (a respectful form of address for elderly women)
40.	出生	（动）chūshēng	to be born
41.	笑话	（动）xiàohua	to ridicule
42.	配	（动）pèi	to match, to deserve
43.	媒人	（名）méiren	matchmaker
44.	主意	（名）zhǔyì	idea
45.	说亲		shuō qīn	to act as matchmaker
46.	儿媳妇	（名）érxífu	daughter-in-law (one's son's wife)
47.	似的	（助）shìde	as…as…
48.	冲	（动）chōng	to charge, to break through
49.	寂寞	（形）jìmò	lonely
50.	作伴		zuò bànr	to accompany

51.	铁锁	（名）	tiěsuǒ	iron lock
52.	生锈		shēng xiù	to get rusty
53.	砸	（动）	zá	to crush
54.	无情	（形）	wúqíng	heartless, ruthless
55.	棉衣	（名）	miányī	cotton-padded coat
56.	褥子	（名）	rùzi	cotton-padded mattress
57.	叹	（动）	tàn	to sigh
58.	死心		sǐ xīn	to give up the idea forever

专　名

1.	杜芒种	Dù Mángzhòng	a name
2.	谭	Tán	a surname
3.	陈	Chén	a surname
4.	郑	Zhèng	a surname
5.	方	Fāng	a surname
6.	于	Yú	a surname
7.	郭	Guō	a surname
8.	鹤望兰	Hèwànglán	a kind of orchid, literally, crane-gazes-orchid
9.	贺望兰	Hè Wànglán	a name

注释：

1. 谭爷、陈爷

"爷"是旧时对年长男子的尊称，现在用得较少。

爷 was a respectful address to an adult male in the old days and nowadays it is rarely used.

2．烧纸钱

这是一种迷信习俗。给死去的亲人烧铜钱形的纸片，中间有方孔，迷信的人认为这是给死人的钱。

To burn coin-shaped paper with a square hole in the middle in memory of the departed is a superstitious custom. Superstitious people believe that the dead person can receive the "money" they burnt.

3．孩子他爸

夫妇有了孩子以后，妻子常称丈夫为"孩子他爸"，丈夫称妻子为"孩子他妈"。类似的说法还有"孩子他奶奶"，"孩子他姥姥"等。

When a married couple have got a child, the wife often refers to her husband as 孩子他爸 and the husband refers to his wife as 孩子他妈. Similar forms include 孩子他奶奶, 孩子他姥姥, etc..

4．您家里就没个人？

"人"暗指丈夫或妻子。

人 here refers to "the husband" or "wife".

词 语 例 解

1．几乎

副词（adv.）。

（1）他高兴得几乎跳了起来。

（2）声音太小，几乎听不见了。

（3）这两年王老师的头发几乎全白了。

有时肯定式和否定式都表示否定的意思，多指不希望发生的事。

Sometimes 几乎 is used in sentences expressing something undesirable and in this case, the affirmative and negative forms both carry a negative meaning.

(4) 杯子几乎从桌子上掉下来。

(5) 杯子几乎没从桌子上掉下来。

这两个句子的意思相同，都表示杯子差点儿掉下来，而结果并没有掉下来。

Both(4)and(5)mean the cup nearly fell down but didn't.

2. 先后

副词(adv.)。

(1) 去年我先后到过日本、英国和法国。

(2) 父亲母亲先后来信，让我冬天回去。

(3) 这个月他先后两次参观中国历史博物馆。

3. 而

连词(conj.)，多用于书面。联接意思相近、相对、相反或相承的两个词语或句子，表示转折。

A conjunction in written Chinese, 而 indicates a turn in speech combining two words/phrases or sentences similar or opposite in meaning or with the second following the first.

(1) 这是一个古老而又年轻的城市。

(2) 她已经是一个有两个孩子的妈妈了，而她姐姐还没有结婚呢。

联接事理上前后相因的两个成分，表示目的、原因、方式等。

而 is also used to combine two causative elements to express purpose, reason, manner, etc..

(3) 我们应该为人民而努力学习和工作。

4. 开

动词（v.），有如下一些意义和用法：

The verb 开 has the following meanings and usage：

1) 打开。(to open)

  （1）商店八点半开门，我们现在走吧。

2) 发动、驾驶（机器、车、船）离去。(to start and drive a machine, vehicle, ship)

  （2）老李开车开得很好。

3) 开办。(to run, to manage)

  （3）电影院附近已开了两个工厂。

4) 举行（会议）。(to hold a meeting)

  （4）下午我要去开会，你别给我打电话了。

5) 写出（多指单据、文件）。(to prescribe)

  （5）你开药了没有？

6) 在动词后作补语。(used as verbal complement)

  （6）你把收音机打开，听听广播。

5. 并

 副词（adv.），用在否定词"不""没（有）"等前边，加强否定的语气。

 并 is an emphatic adverb preceding 不，没（有）．

 （1）这个消息他并没有告诉我。

 （2）他的身体并不坏。

 连词（conj.），表示更进一层的意思。

 As conjuction, 并 means "moreover"．

 （3）他们参观了那个展览，并对它发生了很大的兴趣。

语　　法

用"谁"、"哪"、"哪儿"、"怎么"的反问句

Rhetorical questions using 谁，哪，哪儿 and 怎么

225

疑问代词"谁"、"哪"、"哪儿"、"怎么"也可用于反问句，表示加强的否定、不满、不同意等意思，如：

The interrogative pronouns 谁, 哪, 哪儿 and 怎么 may also be used in rhetorical questions to express emphatic negation, dissatisfaction or disagreement, for example：

谁　　以前家里穷，谁嫁我这个穷花匠！
　　　今天是孩子他爸的忌日，孩子们谁还记着这个？
哪　　孩子大了，哪个体贴老人的心？
哪儿　您这也是福气，哪儿像我？
　　　"您不过意吧？""哪儿能呢？"
　　　"什么厂子里有事！说不定到哪儿玩儿去呢。""哪儿能呢？"
怎么　"您认识这种花？""怎么不认识？"

练　　习

1. **讨论题**：
   (1) 杜师傅是一个什么样的人？
   (2) 郭奶奶是一个什么样的人？
   (3) 为什么说郭奶奶心上有一把生锈了的铁锁？
2. **复述**：
   (1) 用杜师傅的话说这个故事。
   (2) 用郭奶奶的话说这个故事。
3. **熟读下列词语**：
   (1) 花匠，　木匠，　铁匠，　石匠，　鞋匠
   (2) 可说可不说，可看可不看，可去可不去，可买可不买
   (3) 打主意，打错了主意，给…拿主意，自己拿主意，有主意，　没主意
   (4) 不瞒您说。哪能呢？您猜怎么着？没什么说的。

(5) 完成任务，任务很重，任务很轻，交给…一个任务

4．用汉语解释下列各句的意思：
(1) 劳您老惦记。
(2) 您猜怎么着，…
(3) 这一辈子还有完吗？
(4) 年轻时没打这个主意。
(5) 怎么不是一辈子。
(6) 高兴得什么似的。
(7) 这一辈子就这么着了。

5．用"而"或"而且"填空：
(1) 市内的信只用一角邮票_____不用两角邮票。
(2) 这是一个古老_____美丽的故事。
(3) 这项任务我们不但要完成，_____要完成得又快又好。
(4) 小王学习外语的决心很大，_____一年以后取得了很大进步。
(5) 祥子也许拉一辈子车，_____拉一辈子车又怎能改变他的命运呢？
(6) 会上代表们表示一定要为四个现代化_____努力工作。
(7) 大伙儿都已经换上了春装，_____你却还穿着棉大衣。
(8) 张老师讲课非常清楚，_____总是那么生动、有趣。
(9) 他很着急，因为没有买上飞机票，_____不坐飞机就不能准时到达开会地点。
(10) 要是不下雨，我们就能去香山看红叶，_____一定会玩得很愉快。

6．用"谁"、"哪"、"哪儿"、"怎么"等疑问代词把下列句子改成反问句：
(1) 看到孩子们都已长大成人，她心里很高兴。
(2) 以前的穷日子，她是决不会忘记的。

(3) 这些裙子还是你奶奶年轻时穿的,现在没有人穿了。
(4) 幼儿园里的孩子个个聪明可爱。
(5) 退休以后赵大爷每天清晨上公园打太极拳。
(6) 这件事是瞒不住方奶奶的。
(7) 星期天王府井到处都是人。
(8) 儿女们都不体贴老人,郭奶奶当然很生气。

7. 用下列词语造句:
(1) 几乎
(2) 先后
(3) 而
(4) 似的

第七十五课

杜师傅与郭奶奶（下）

三

　　小香山的又一个春天来了，一切都还是原来的样子。但是，今天早晨杜师傅发现郭奶奶没有推着儿童车，而是一个人来的。她对老友们说："孙子孙女们都大了，最小的也上托儿所了。总算离了手。"方奶奶又一次去说亲，但郭奶奶只说了一句："都六十岁的人了……"

　　听了郭奶奶的话，杜师傅觉得没有希望了。

　　老人们都知道他俩的事过去了，也不怎么再提它了。

　　人们发现郭奶奶的身体越来越不好。老友们都劝她去医院检查检查，她总是摇摇头，杜师傅把这一切都看在眼里，只是不好去问。

　　一连几天，郭奶奶没有来。

　　夏天过去了。

　　中秋节过去了。

　　她仍然没有消息。

老友们常常谈起她，都想去看看她。但没有一个人清楚她的住址。

一天，一个医院的护士长来公园散步。谈话中大家才知道，原来郭奶奶住院了。护士长非常生气地说："她的病并不重，本来经过一段治疗是可以恢复健康的。可是她那些儿孙，实在太不像话了。"

"她总是说儿女们都不错呀？"方奶奶说。

"别提了，老人刚住院时，他们还能来医院看看，时间长了，就不怎么来了。她的大孙子趁奶奶住院占了房子去结婚。还有，在大夫认为不能出院时，他们要大夫同意出院，因为老太太没有公费医疗。后来，大夫认为可以出院了，他们又提出不能把母亲接到自己家里去。老妈妈为他们干了一辈子，老了，没有用了，就想一脚踢开。还有一点儿良心吗？医院的大夫和护士要写信给报社，批评那些不道德的人。"

老人们听了没有一个不生气的。认识她这么多年了，谁都没听见她说过一句儿女不好的话。

四

护士拿着牛奶在劝郭奶奶喝，今天这已经是第三次了。

上午，街道居民委员会和妇联的领导都来看望她，并告诉她，不管她愿意不愿意，他们都要到法院去告她那些儿女。

她听了这些，感动得流下了眼泪，但心情并没有好起来。她没有改变轻生的想法。

忽然，护士长带着八九个老友进来了。老友们站在郭奶奶床前望着她。几个月不见，她瘦得快叫人认不出来了。

"郭奶奶，看看谁来了！"护士长说。

她闭着眼睛不动。

杜师傅站在那儿不知道说什么。终于他叫了一声：

"贺望兰——"

听着有人叫她的名字，郭奶奶睁开了眼睛。她看见老友们，想笑却又笑不出来。

杜师傅站着，手里拿着牛奶，忽然他大声地说："你给我把它喝下去！"她竟然喝下去了。好像他们已经是几十年的老夫妻了。

护士长走了，老友们都拿出自己的礼物，她感动得直点头，声音微弱地说："谢谢，谢谢！"

从此，病房里每天都有人来照顾郭奶奶。这一天是方奶奶值班。她对郭奶奶说："这一回不是他让我说的，是我自己要说的。我也是旧脑筋，可我算看明白了，儿女再多也不如半路夫妻！"

"不行，以后您别再提这件事了。"

杜师傅来了。方奶奶把情况告诉他。他说："我自己跟她说！"

病房里他俩在谈话。

"你给了我一句比冰块还冷的话，"杜师傅说，"可我知道你的心比火还热！何必还这么苦着自己？"

"没见过你这么死心眼儿的男人！"郭奶奶流着眼泪说。

"也没见过你这么死心眼的女人。我跟大夫说了，我接你出院！"

"你快不要打这个主意，我是怎么也不能跟你去的！"

"都什么年代了，你还这么封建。"

"我以前是封建，怕儿女受罪，怕人笑话，才错打了主意。现在已经到了这个时候了，我还怕什么？"

"那你犹豫什么？到了小香山你的病就好了。我会好好伺候你。"

她一听"伺候"二字，又哭了起来，说："这一辈子晚了……下一辈子我死活也跟你，你快走吧……以后不要来了………"

"这辈子能做到的事，为什么要等到下辈子？下辈子在哪儿？在哪儿？难道你还怕你那些儿女们吗？告诉你，我已经找了他们了。他们同意了，条件是我给医疗费、住院费，今后不找他们要你的养老费。我都答应了。我就要你这个人。我一个单身汉，有什么花钱的事儿？我有存款，你放心跟我去。就是我死在你前头，也够你养老的了……"

"快别说这种话！你怎么会走在我前头？你这样的好人，会活得很长很长的……"

"那么你答应了？"

"我已经不行了……从前没有伺候你，老了，没有用了，怎么能让你受苦受累伺候我？走在你的前头，不是害了你吗？"

"原来你是为了这个。快别这么说，大夫说你的病不重。我等了你二十年，我们还可以过二十年。你能活到那个时候，我也能活到那个时候！"

五

这一天下午，医生、护士和病友都来欢送贺望兰。她穿着杜师傅亲自给她买的新衣服，戴上大红花，在方奶奶等人的陪同下，坐上小汽车来到了小香山。

新房里摆满了花，而最吸引人的是桌子上的那一大盆鹤望兰。

结婚仪式上，主婚人、居民委员会代表、妇联代表讲完话，郑社长也讲了话，他说："贺望兰在她十六岁和六十岁这人生的早晨和傍晚都能进入开满鲜花的新房，这是她的幸福。我想起了白头偕老这一句古话。白头偕老当然是美好的，但是白了头再偕老同样也是美好的……"

贺望兰终于笑了。

杜芒种也笑了。

老人们全都笑了。

生　词

1. 一切　　（代）　yíqiè　　　　all
2. 只是　　（副）　zhǐshì　　　　only
3. 一连　　（副）　yīlián　　　　in succession
4. 住址　　（名）　zhùzhǐ　　　　address
5. 住院　　　　　　zhùyuàn　　　to be hospitalized
6. 经过　　（动）　jīngguò　　　to undergo, to go through
7. 治疗　　（动）　zhìliáo　　　to cure, to treat
8. 恢复　　（动）　huīfù　　　　to recover
9. 实在　　（形）　shízài　　　　really
10. 趁　　　（动）　chèn　　　　　to take advantage of
11. 出院　　　　　　chū yuàn　　　to be discharged from hospital
12. 公费　　（名）　gōngfèi　　　public expense
13. 医疗　　（名）　yīliáo　　　　medical treatment
14. 良心　　（名）　liángxīn　　　conscience
15. 报社　　（名）　bàoshè　　　　newspaper office
16. 不道德　（形）　búdàodé　　　immoral
17. 居民　　（名）　jūmín　　　　resident
18. 委员会　（名）　wěiyuánhuì　　committee
19. 看望　　（动）　kànwàng　　　to call on
20. 法院　　（名）　fǎyuàn　　　　court
21. 告　　　（动）　gào　　　　　to accuse, to go to law against

22.	流	（动）	liú	to flow, to shed (tears)
23.	眼泪	（名）	yǎnlèi	tears
24.	心情	（名）	xīnqíng	state of mind
25.	轻生	（名）	qīngshēng	to make light of one's life—to commit suicide
26.	闭	（动）	bì	to close, to shut
27.	竟然	（副）	jìngrán	to one's surprise, to go so far as to
28.	夫妻	（名）	fūqī	husband and wife
29.	微弱	（形）	wēiruò	weak, faint
30.	病房	（名）	bìngfáng	ward of a hospital
31.	值班		zhí bān	on duty
32.	脑筋	（名）	nǎojīn	brain
33.	冰块儿	（名）	bīngkuàir	ice lump
34.	何必	（副）	hébì	why, what's the need
35.	死心眼儿	（形）	sǐxīnyǎnr	stubborn
36.	受罪		shòu zuì	to suffer
37.	犹豫	（动）	yóuyù	to hesitate
38.	伺候	（动）	cìhou	to wait on
39.	死活	（副）	sǐhuó	life or death—anyway
40.	难道	（副）	nándào	Could it be that⋯?
41.	条件	（名）	tiáojiàn	condition
42.	费	（名）	fèi	fee
43.	养老		yǎng lǎo	to live out one's life in retirement

44. 答应	（动）	dāying	to promise, to respond
45. 单身汉	（名）	dānshēnhàn	bachelor
46. 花	（动）	huā	to spend (money, time)
47. 存款	（名）	cúnkuǎn	deposit, bank savings
48. 放心		fàng xīn	to rest assured
49. 就是	（连）	jiùshì	even if
50. 欢送	（动）	huānsòng	to see off
51. 亲自	（副）	qīnzì	in person
52. 陪同	（动）	péitóng	to accompany
53. 新房	（名）	xīnfáng	bridal chamber
54. 仪式	（名）	yíshì	ceremony
55. 主婚人	（名）	zhǔhūnrén	the person who presides over a wedding
56. 人生	（名）	rénshēng	life
57. 傍晚	（名）	bàngwǎn	dusk
58. 鲜	（形）	xiān	fresh
59. 白头偕老		báitóuxiélǎo	to remain a devoted couple to the end of their lives, to live to ripe old age in conjugal bliss

专　名

1. 中秋节　　Zhōngqiū Jié　　the Mid-Autumn Festival (the 15th of the 8th Lunar month)
2. 街道居民委员会　Jiēdào Jūmín Wěiyuánhuì　neighbourhood committee
3. 妇联　　Fùlián　　the Women's Federation

注释：

1. 公费医疗

指中国对国家工作人员和高等学校学生实行的一种免费的医疗预防制度。国家工作人员退休后仍然享受公费医疗待遇。

公费医疗 refers to the system of free medical treatment and protection provided by the Chinese government to government workers (including the retired) and college students.

2. 街道居民委员会

是中国城市中群众性的居民组织，在基层政权组织街道办事处指导下，按居住地区设立，负责办理有关居民的福利事业，向当地政权组织反映居民的意见和要求，动员居民响应政府的号召，遵守国家政策法令，领导群众性的安全保卫，调解居民间的纠纷等。

街道居民委员会（Neighbourhood committee）is a mass organization of residents in China's cities. Supervised by the Community-Administrative Office (the basic level organ of political power), the Committees, which are set up in every residential quarter, are in charge of the residents' welfare. The committees

237

reflecting their opinions and needs and mobilize them to answer calls of the government and observe government policies and laws, leading the work of public safety and defence and mediating between residents who have disputes.

3. 妇联

指"妇女联合会",其全国组织是中华人民共和国全国妇女联合会,简称"全国妇联",成立于1949年。

妇联 is the abbreviation of 妇女联合会, whose national organization is 中华人民共和国全国妇女联合会(All－China Women's Federation), abbreviated to 全国妇联, which was founded in 1949.

4. 走在我前头

"走"常用来委婉地表示"死"的意思。"走在我前头"就是"死在我前头"的意思。

走 is the euphemistic term for 死 and thus 走在我前头 means 死在我前头.

词 语 例 解

1. 一连

副词(adv.)。

(1) 他一连问了好几个问题。

(2) 最近这儿一连下了三天大雨。

(3) 他一连四天没来上课。

2. 只是

副词(adv.)。

(1) 我只是听说过,没有看见过。

(2) 大家问了她半天,她只是笑,什么也不说。

连词(conj.),表示轻微的转折,跟"不过"意思差不多。

As a conjunction 只是 refers to a slight transition of speech, and is similar to 不过 in meaning.

(3) 这儿各方面都很好,只是交通不太方便。

3. 经过

动词(v.)。

(1) 从北京坐火车到杭州,要经过南京、上海。

表示经历某一活动或某一事件。

The verb 经过 also means "through".

(2) 经过调查,我们了解了这个村子里的教育情况。

(3) 他经过半年的努力,口语水平提高了。

名词(n.)。

(4) 老张向同学们介绍了事情发生的经过。

4. 何必

副词(adv.),用反问语气表示不必要。

何必 is used in rhetorical questions to mean "unnecessary".

(1) 历史博物馆离这儿又不远,何必坐车呢?

(2) 何必等到下星期呢?从今天起就可以开始复习了。

(3) 两口子为了这么一点儿小事就吵架,何必呢!

5. 难道

副词(adv.),加强反问语气,句末常有"吗"或"不成"。

难道 is used to intensify a rhetorical question with 吗 or 不成 at the end.

(1) 你难道不认识他了吗?

(2) 难道这是他应该说的吗?

(3) 难道请你来一下都不成?

语　法

1. 副词"又"的三个意义

Three meanings of the adverb 又

我们学过,副词"又"的基本意义是表示行为动作的重复发生（多为已然的）,如：

We have learnt that the basic meaning of the adverb 又 is to indicate repetition of an action (usually one that is realized), for example:

(1) 一年以前,小王在日记上写过一段话；一年以后,他又写了一段话。

(2) 祥子买过一辆车,被大兵抢走了,现在又买了一辆。

本课介绍"又"的另外三个常用意义：

In this lesson, three other common meanings of 又 are introduced:

1) 表示乙动作接着甲动作发生：

Expressing that action B follows action A:

(1) 小王和比利从荣宝斋出来,又高高兴兴地向中国书店走去。

(2) 你怎么刚来又走啊,再坐一会儿吧。

2) 表示补充：

Expressing some additional information:

(1) 老头子啊,你年纪太大了,身体又不好,恐怕连一块石头也挖不动。

(2) 他是技术员,又是先进生产者,哪儿能总想自己的事呢？

(3) 现在岁数大了,又有孙子,再要结婚,叫人笑话。

3) 加强转折的意味：

Used to give emphasis to a turn in speech:
（1）有时他觉得很累，但又不敢休息。
（2）丈夫当了厂长，她心中十分高兴，但她又极力控制自己。
（3）她想笑却又笑不出来。

2. 没有一（个）…

The expression 没有一（个）…

"没有一（个）…"用于肯定句，强调否定的意思；用于否定句强调肯定的意思，如：

The expression 没有一（个）… emphasizes negative sense in affirmative sentences and it emphasizes affirmative sense in negative sentences, for example:
（1）没有一个人知道郭奶奶的地址。
（2）这些杯子都不错，没有一个有毛病，不用挑了。
（3）老人们没有一个不生气的。
（4）这么多件衣服，没有一件合适的。

练　习

1. 讨论题：
（1）为什么说郭奶奶的儿孙们太不像话？
（2）杜师傅为什么用命令的口气让郭奶奶把牛奶喝下去？
（3）郭奶奶在婚姻问题上前后想法有什么变化？

2. 复述：
（1）用杜师傅的话说说他跟郭奶奶结婚的经过。
（2）用郭奶奶的话说说她跟杜师傅结婚的经过。
（3）用方奶奶的话说她怎样帮助杜师傅和郭奶奶。

3. 熟读下列词语
   (1) 一连几天，一连几个星期，一连几年，一连几个小时
   (2) 睁开眼睛，　闭上眼睛，　张开嘴，　闭上嘴
   (3) 单身汉，　　单身女子
   (4) 看在眼里，　记在心里，　放在肚里，　留在嘴边
   (5) 报社，　杂志社，　图书社，　出版社

4. 用汉语解释下列词语或短句：
   (1) 时间长了，就不怎么来了
   (2) 卖了一辈子命。
   (3) 她感动得直点头。
   (4) 半路夫妻
   (5) 白头偕老

5. 用"经过"或"通过"填空：
   (1) 街心公园不准任何车辆_____。
   (2) 每天上下班他都要_____天安门。
   (3) 代表们_____了一项重要决定。
   (4) 厂长向工人们了解事故发生的_____。
   (5) 他的建议是_____认真考虑以后提出来的。
   (6) _____讨论，大家一致反对报社发表这篇文章。

6. 用"没有一（个）…"改写下列句子：
   (1) 我们班人人都爱体育。
   (2) 他们班爱听音乐，都不爱体育。
   (3) 北京的博物馆他都去过。
   (4) 搞技术革新，谁都知道他有两下子。
   (5) 大家都不原谅他的错误。
   (6) 她去过很多医院，都没能治好她的眼睛。
   (7) 每年夏天老张两口子都要到南方旅行。
   (8) 这些歌曲现在都不流行了。

7．说出下列句子中"又"的含义：
   (1) 弟弟比以前又长高了许多。
   (2) 下星期又该方奶奶去医院值班了。
   (3) 天这么黑，又下着雨，今晚别走了吧。
   (4) 昨天他刚到北京，明天又要去上海。
   (5) 有件事早就想告诉你，又担心你听了不高兴。
   (6) 郭奶奶想答应杜师傅的要求，可又怕别人笑话。
   (7) 大家走了以后，她又流下了眼泪。
   (8) 明天又是中秋节了，我多么想念爸爸、妈妈呀！
   (9) 他吃完饭，又喝了一杯茶才走。
   (10) 姑娘很聪明，长得又漂亮，娶她做媳妇是你的福气。

8．用下列词语造句：
   (1) 一连
   (2) 只是
   (3) 何必
   (4) 难道
   (5) 竟然

附录　APPENDICES

语法索引
GRAMMAR INDEX

本索引包括《初级汉语课本》第三册出现的所有语法项目，按拼音顺序排列，每一项目后面的数码表示该项目所在的课数。

This index includes all the grammar items in Volume Ⅲ of MODERN CHINESE—Beginner's Course. It is arranged in alphabetical order and the number(s) following each item indicates the lesson(s) in which it appears.

"把"字句 The Bǎ-sentences (64)

百分数 Percentage(63)

百万以上的称数法 Counting from million and above(63)

倍数 Multiple numbers(63)

不但…而且… The construction Búdàn…, érqiě…(56)

不是…，而是… The construction Búshì…, érshì…(64)

不是…吗? The construction Bú shì…ma? (56)

表示事物出现或消失的句子 Sentences expressing appearance or disappearance of things(72)

"出来"的引申意思 The extended meaning of Chūlai (65)

得 De indicating degree complement(61)

反问句 Rhetorical questions

(56)(73)(74)
复句 compound sentences(56)
即使⋯,也⋯ The construction Jíshǐ⋯, yě⋯ (69)
既然⋯,就⋯ The construction Jìrán⋯, jiù⋯ (58)
尽管⋯,还是⋯ The construction Jǐnguǎn⋯, háishi⋯ (61)
就 The adverb Jiù(71)
连⋯都/也 The construction Lián⋯dōu/yě(57)
没有一(个)⋯ The expression Méiyǒu yí(ge)⋯ (75)
哪 The interrogative pronoun Nǎ(66)(74)
哪儿 The interrogative pronoun Nǎr(60)(66)(74)
宁肯⋯,也⋯ The construction Nìngkěn⋯, yě⋯ (69)
"起来"的引申意义 The extended meaning of qǐlai (61)(65)
如果⋯,就⋯ The construction Rúguǒ⋯, jiù⋯ (62)
虽然⋯,但是⋯ The construction Suīrán⋯, dànshì⋯ (56)

"上"的引申意义 The extended meanings of Shàng(69)
什么 The interrogative pronoun Shénme (60)(66)(73)
什么地方 The phrase Shénme dìfāng (60)
什么时候 The phrase Shénme shíhour (60)
"是"强调肯定 Shì emphasizes confirmation (68)
"是⋯的"的几种意义 Several meanings of the Shì⋯de construction (68)
谁 The interrogative pronoun Shuí (60) (66) (74)
同位词组 Appositive phrases (70)
"V-出来"表示辨认 V-出来 phrases express recognition (73)
V得动/V不动 the phrase V de dòng/V bu dòng (57)
V得了/V不了 The phrase V de liǎo/V bu liǎo (57)
V得着/V不着 The phrase V de zháo/V bù zháo(58)
无论⋯,都⋯

245

The construction Wúlùn···, dōu··· (59)

"下来"的引申意义 An extended meaning of Xiàlai (63)

"下去"的引申意义 The extended meaning of Xiàqu (62)

疑问代词的引申意义 The extended meanings of interro-gative pronouns (60) (66)

"一点儿也（都）不（没）?"··· The expression Yìdiǎnr yě (dōu) bù (méi)··· (72)

一年比一年 The phrase Yìnián bǐ yìnián (59)

越 V 越 The phrase Yuè V yuè (61)

怎么 The interrogative pronoun Zěnme (60) (66)

因为···，所以··· The construction Yīnwéi···, suǒyǐ··· (56)

由于···,（因此/所以）The construction Yóuyú···, (yīncǐ/suǒyǐ)··· (62)

"又" The adverb yòu (75)

只要···，就··· The construction Zhǐyào···, jiù··· (57)

主语的省略 Omission of subjects (67)

词汇索引
VOCABULARY INDEX

本索引按拼音顺序排列,每一词语后面的数码表示它第一次出现时所在的课数。

The entries in this index are arranged in alphabetical order and the number in brackets indicates the lesson in which the word first occurs.

A

唉	āi	56
哎呀	āiyā	61
哎哟	āiyō	58
爱好	àihào	65
碍事	àishì	66
安全	ānguán	62
安心	ānxīn	56
岸	àn	66
按	àn	58

B

拔	bá	57
白	bái	62
白天	báitiān	74
白头偕老	báitóu xiélǎo	75
百分之…	bǎi fēn zhī…	63
百货	bǎihuò	64
拜年	bài nián	59
搬	bān	57
办公室	bàngōngshì	72
半夜三更	bànyè sāngēng	73
榜样	bǎngyàng	67
傍晚	bàngwǎn	75
包	bāo	58
包括	bāokuò	66
包月	bāo yuè	69
保留	bǎoliú	65
保证	bǎozhèng	56
报道	bàodào	62
报社	bàoshè	75
报纸	bàozhǐ	62
抱	bào	72
爆发	bàofā	70

杯	bēi	73	不但	búdàn	56
倍	bèi	63	不道德	búdàodé	75
背影	bèiyǐng	72	不得不	bùdébù	69
本来	běnlái	64	不懂装懂	bù dǒng zhuāng dǒng	71
本身	běnshēn	66			
笨	bèn	57	不断	búduàn	57
比方	bǐfāng	71	不管	bùguǎn	57
必须	bìxū	66	不过	búguò	62
必选	bìxuǎn	68	不仅	bùjǐn	68
避免	bìmiǎn	67	不利	búlì	69
毕竟	bìjìng	61	不像话	bú xiànghuà	66
闭	bì	75	不朽	bùxiǔ	68
鞭炮	biānpào	59	不务正业	bú wù zhèng yè	67
鞭子	biānzi	59	部	bù	68
编者	biānzhě	67	部分	bùfen	62
变	biàn	56	(东)部	(dōng)bù	63
变化	biànhuà	60	布置	bùzhì	72
标语	biāoyǔ	62			
表哥	biǎogē	56		**C**	
表示	biǎoshì	59	财产	cáichǎn	69
兵	bīng	69	材料	cáiliào	71
冰棍儿	bīnggùnr	74	参观	cānguān	65
冰块	bīngkuàir	75	参加	cānjiā	60
并	bìng	61	灿烂	cànlàn	70
病房	bìngfáng	75	草	cǎo	59
剥削	bōxuē	70	草率	cǎoshuài	71
博物馆	bówùguǎn	70	曾经	céngjīng	71
补充	bǔchōng	62	差不多	chàbuduō	58

产品	chǎnpǐn	65	出发	chūfā	67	
产生	chǎnshēng	62	出生	chūshēng	74	
长篇小说	chángpiān xiǎoshuō	68	出售	chūshòu	65	
			出现	chūxiàn	66	
长寿	chángshòu	60	出院	chūyuàn	75	
场	chǎng	69	锄	chú	60	
潮水	cháoshuǐ	62	除夕	chúxī	59	
朝代	cháodài	70	处	chǔ	67	
炒	chǎo	72	处理	chǔlǐ	73	
吵	chǎo	72	穿	chuān	58	
吵架	chǎo jià	60	川流不息	chuān liú bù xī	65	
车夫	chēfū	69	传播	chuánbō	71	
趁	chèn	75	传说	chuánshuō	57	
称	chēng	62	喘	chuǎn	72	
成	chéng	64	创造	chuàngzào	70	
成绩	chéngjī	61	创作	chuàngzuò	65	
成就	chéngjiù	68	吹	chuī	65	
成立	chénglì	68	春耕	chūngēng	59	
成为	chéngwéi	67	春联	chūnlián(r)	59	
成长	chéngzhǎng	68	春天	chūntian	56	
尺寸	chǐcun	58	词语	cíyǔ	64	
冲	chōng	74	伺候	cihou	75	
重新	chóngxīn	73	次要	cìyào	61	
抽屉	chōuti	58	从此	cóngcǐ	59	
愁	chóu	60	从事	cóngshí	71	
初(一)	chū(yī)	59	促进	cùjìn	65	
初期	chūqī	70	催	cuī	61	
出版社	chūbǎnshè	74	村子	cūnzi	57	

存	cún	62	当…的时候	dāng…deshíhòur	64
存款	cúnkuǎn	75			
错	cuò	58	当然	dāngrán	58
错误	cuòwù	67	当时	dāngshí	68
			挡	dǎng	57
	D		当	dàng	67
答应	dāying	75	叨唠	dāolao	61
达到	dádào	57	倒	dǎo	62
打扮	dǎbàn	61	道德	dàodé	71
打断	dǎduàn	62	道理	dàolǐ	57
打击	dǎjī	64	道路	dàolù	68
打听	dǎting	65	到底	dàodǐ	63
打算	dǎsuàn	60	得到	dédào	71
大胆	dàdǎn	71	灯	dēng	59
大伙儿	dàhuǒr	73	蹬	dēng	66
大会	dàhuì	73	瞪	dèng	66
大量	dàliàng	65	滴	dī	69
大娘	dàniáng	74	地理	dìlǐ	63
大人	dàrén	69	地图	dìtú	63
大约	dàyuē	63	地位	dìwèi	65
代	dài	65	点(头)	diǎn(tóu)	58
耽误	dānwù	56	点	diǎn	72
单身汉	dānshēnhàn	75	电灯	diàndēng	73
但是	dànshì	56	惦记	diànjì	74
当	dāng	73	掉	diào	57
当场	dāngchǎng	62	调查	diàochá	60
当代	dāngdài	68	调动	diàodòng	72
当地	dāngdì	71	定	dìng	61

冬天	dōngtiān	60	发展	fāzhǎn	65
动	dòng	57	法院	fǎyuàn	75
动物	dòngwù	59	烦恼	fánnǎo	58
动作	dòngzuò	64	繁荣	fánróng	65
兜	dōur	58	凡是	fánshì	64
"笃!"	dū!	66	反	fǎn	68
肚子	dùzi	66	反对	fǎnduì	67
短篇小说	duǎnpiān xiǎoshuō	68	反抗	fǎnkàng	68
			犯	fàn	67
段	duàn	56	饭盒儿	fànhér	61
对话	duìhuà	68	方法	fāngfǎ	71
对象	duìxiàng	56	方面	fāngmiàn	68
多样化	duō yàng huà	60	方言	fāngyán	64
多义词	duōyìcí	64	房子	fángzi	73
			放	fàng	59
	E		放心	fàngxīn	75
饿	è	66	放学	fàng xué	67
而	ér	62	非…不可	fēi…bùkě	64
而且	érqiě	56	非常	fēicháng	58
儿童	értóng	74	肥沃	féiwò	68
儿媳妇	érxífu	74	费	fèi	75
			废话	fèihuà	73
	F		分	fēn	73
发表	fābiǎo	68	风	fēng	65
发火儿	fāhuǒr	66	封建	fēngjiàn	68
发明	fāmíng	70	缝	féng	73
发生	fāshēng	62	夫妇	fūfù	74
发音	fāyīn	59	夫妻	fūqī	75

福气	fúqì	74	革新	géxīn	61
幅	fú	65	各	gè	58
抚养	fǔyǎng	71	个人	gèrén	72
父(亲)	fù(qin)	67	根	gēn	58
复杂	fùzá	64	根据	gēnjù	63
复制	fùzhì	65	更加	gèngjiā	59
妇女	fùnǚ	74	宫	gōng	61
			宫殿	gōngdiàn	65
G			公费	gōngfèi	75
该死	gāisǐ	72	公里	gōnglǐ	63
该着	gāi zháo	66	公认	gōngrèn	68
改变	gǎibiàn	70	公用	gōngyòng	72
干脆	gāncuì	67	公元	gōngyuán	70
干涉	gānshè	67	工具	gōngjù	62
赶	gǎn	69	攻打	gōngdǎ	64
赶紧	gǎnjǐn	66	功课	gōngkè	67
赶快	gǎnkuài	59	共同	gòngtóng	61
感到	gǎndào	62	贡献	gòngxiàn	70
感动	gǎndòng	57	勾	gōu	66
感情	gǎnqíng	67	够	gòu	69
干	gàn	57	孤身	gūshēn	74
干部	gànbu	62	古	gǔ	57
高尔夫球	gāo'ěrfūqiú	64	古代	gǔdài	65
搞	gǎo	60	古老	gǔlǎo	65
告	gào	75	古玩	gǔwán	65
歌剧	gējù	68	股	gǔ	62
歌曲	gēqǔ	73	鼓励	gǔlì	57
革命	gémìng	70	顾客	gùkè	58

关	guān	72	海	hǎi	57
关怀	guānhuái	65	害	hài	63
关心	guānxīn	72	害怕	hàipà	64
关于	guānyú	62	害	hài	66
官	guān	73	汗	hàn	69
官员	guānyuán	71	好处	hǎochù	73
观察	guānchá	62	好离好散	hǎo lí hǎo sàn	72
管	guǎn	67	好人	hǎorén	69
管理	guǎnlǐ	62	好手	hǎoshǒu	69
罐	guàn	72	好像	hǎoxiàng	61
光芒	guāngmáng	61	喝	hē	66
归	guī	65	合	hé	58
规则	guīzé	62	河	hé	63
棍子	gùnzi	64	何必	hébì	75
锅	guō	72	何苦	hékǔ	58
国家	guójiā	57	嘿	hēi	73
国营	guóyíng	72	黑板	hēibǎn	63
过	guò	67	恨不得	hènbude	69
过	guò	69	哼	hēng	73
过	guò	61	哼	hng	73
过渡	guòdù	70	洪流	hóngliú	62
过年	guò nián	59	糊	hú	72
过去	guòqu	56	户	hù	59
过意	guòyì	74	花	huā	74
			花	huā	75
	H		花房	huāfáng	74
哈欠	hāqiàn	64	花裙子	huā qúnzi	61
孩子	háizi	56	华侨	huáqiáo	65

划	huà	64	继续	jìxù	72
话	huà	56	家	jiā	71
怀孕	huái yùn	69	家庭	jiātíng	72
坏	huài	58	家长	jiāzhǎng	67
欢乐	huānlè	59	假	jiǎ	65
欢送	huānsòng	75	假里假气	jiǎlǐjiǎqì	73
恢复	huīfù	75	嫁	jià	69
活	huó	60	价值	jiàzhí	65
活动	huódòng	59	架子	jiàzi	67
活儿	huór	69	肩	jiān	63
火	huǒ	59	坚持	jiānchí	60
火气	huǒqì	66	坚决	jiānjué	69
火药	huǒyào	70	艰苦	jiānkǔ	70
			检查	jiǎnchá	60
			简单	jiǎndān	63
J			简化	jiǎnhuà	64
鸡蛋	jīdàn	61	简直	jiǎnzhí	61
几乎	jīhū	74	建立	jiànlì	65
机会	jīhuì	67	建设	jiànshè	66
…极了	…jíle	57	健康	jiànkāng	60
吉利	jílì	59	讲解	jiǎngjiě	70
即使	jíshǐ	69	讲学	jiǎng xué	71
记	jì	63	匠	jiàng	74
记得	jìde	60	酱油	jiàngyóu	64
计划	jìhuà	56	交	jiāo	67
寂寞	jìmò	74	交道	jiāodào	64
忌日	jìrì	74	交流	jiāoliú	65
技术	jìshù	65	交涉	jiāoshè	64
技术员	jìshùyuán	72			

交替	jiāotì	59	精神	jīngshen	57
交通	jiāotōng	62	井	jǐng	64
郊区	jiāoqū	66	竟然	jìngrán	75
骄傲	jiāo'ào	61	镜子	jìngzi	73
脚	jiǎo	58	旧	jiù	59
脚蹬子	jiǎodēngzi	66	就是	jiùshì	75
教师	jiàoshī	62	居民	jūmín	75
教室	jiàoshì	63	举	jǔ	68
教训	jiàoxùn	66	句	jù	66
教育	jiàoyù	71	剧本	jùběn	68
接	jiē	72	距离	jùlí	67
接受	jiēshòu	66	据说	jù shuō	60
接着	jiēzhe	62	具体	jùtǐ	70
阶级	jiējí	70	具有	jùyǒu	64
街心	jiēxīn	74	决	jué	56
结婚	jié hūn	56	决心	juéxīn	56
杰出	jiéchū	68	觉悟	juéwù	73
解放	jiěfàng	74			
尽管	jǐnguǎn	61		**K**	
尽量	jǐnliàng	63	开	kāi	74
紧张	jǐnzhāng	61	开辟	kāipì	68
进步	jìnbù	60	开玩笑	kāi wánxiào	66
进入	jìnrù	70	开学	kāi xué	60
进行	jìnxíng	70	看不起	kànbuqǐ	69
经常	jīngcháng	71	看来	kàn lai	60
经过	jīngguò	75	看透	kàntòu	73
经历	jīnglì	70	看望	kànwàng	75
经验	jīngyàn	60	考（大学）	kǎo (dàxué)	67

考虑	kǎolǜ	61	乐观	lèguān	60
靠	kào	66	类	lèi	65
科	kē	72	类似	lèisì	57
科学	kēxué	68	理	lǐ	66
瞌睡	kēshuì	73	理	lǐ	73
可笑	kěxiào	57	理发	lǐfà	64
课本	kèběn	67	理解	lǐjiě	67
课程	kèchéng	56	理论	lǐlùn	67
课外	kèwài	67	理想	lǐxiǎng	61
空想	kōngxiǎng	71	里里外外	lǐlǐwàiwài	72
控制	kòngzhì	73	礼貌	lǐmào	66
口	kǒu	56	礼乐	lǐyuè	71
苦	kǔ	57	立刻	lìkè	72
裤腿	kùtuǐ(r)	58	利索	lìsuo	61
裤子	kùzi	58	例子	lìzi	68
困难	kùnnan	57	联系	liánxì	61
			连…带…	lián…dài…	69
	L		连…也…	lián…yě…	57
腊月	làyuè	59	恋爱	liàn'ài	56
…来	…lái	60	量	liáng	58
来不及	láibují	70	良心	liángxīn	75
来得及	láidejí	73	两口子	liǎngkǒuzi	72
劳动	láodòng	60	辆	liàng	62
老板	lǎobǎn	69	聊	liáo	61
老年	lǎonián	58	聊天	liáo tiānr	67
老实	lǎoshí	71	了	liǎo	57
老头儿	lǎotóur	57	了不起	liǎobuqǐ	65
姥姥	lǎolao	67	了解	liǎojiě	57

邻	lín	63	梦	mèng	7	
领导	lǐngdǎo	61	迷糊	míhu	66	
流	liú	75	棉衣	miányī	74	
流传	liúchuán	59	免不了	miǎnbuliǎo	66	
流行	liúxíng	73	…面	…miàn	57	
留神	liúshén	66	面积	miànjī	63	
留学生	liúxuéshēng	70	面貌	miànmào	65	
琉璃	liúlí	65	面前	miànqián	57	
龙头	lóngtóu	64	面条	miàntiáor	61	
漏	lòu	58	描写	miáoxiě	68	
路口	lùkǒu	66	灭	miè	73	
乱	luàn	71	民主	mínzhǔ	68	
伦理	lúnlǐ	71	民族	mínzú	63	
啰嗦	luōsuo	73	明白	míngbai	62	
骆驼	luòtuo	69	明明	míngmíng	71	
			名贵	míngguì	74	
	M		命令	mìnglìng	67	
瞒	mán	73	墨	mò	65	
满	mǎn	72	末期	mòqī	70	
满头大汗	mǎn tóu dà hàn	72	某	mǒu	64	
煤气	méiqì	72	亩	mǔ	69	
媒人	méirén	74	目的	mùdì	57	
没完没了	méi wán méi liǎo	67	目前	mùqián	62	
美	měi	61				
美好	měihǎo	59		**N**		
们	men	59	拿…来说	ná…láishuō	66	
萌芽	méngyá	70	难	nán	64	
猛烈	měngliè	68	难产	nánchǎn	69	

257

难道	nándào	75	陪	péi	65
难怪	nánguài	61	陪同	péitóng	75
难看	nánkàn	64	配	pèi	74
难听	nántīng	66	喷嚏	pēnti	64
男	nán	57	盆	pén	74
脑筋	nǎojīn	75	抨击	pēngjī	68
闹气	nào qì	66	碰	pèng	66
内	nèi	65	批	pī	68
内容	nèiróng	59	批评	pīpíng	61
嗯	ǹg	58	噼里啪啦	pīlipālā	59
年代	niándài	68	疲惫	píbèi	72
年糕	niángāo	59	匹	pǐ	69
年轻力壮	niánqīnglìzhuàng	69	篇	piān	62
娘儿俩	niángrliǎ	72	拼命	pīn mìng	69
娘家	niángjia	73	平方	píngfāng	63
鸟	niǎo	74	平均	píngjūn	62
宁肯	nìngkěn	69	瓶	píng	64
农村	nóngcūn	60	扑克	pūkè	64
农民	nóngmín	60	普通	pǔtōng	72
农业	nóngyè	60			
奴隶	núlì	70	**Q**		
努力	nǔlì	56	七上八下	qīshàngbāxià	56
女	nǚ	57	妻子	qīzi	56
			骑	qí	61
			棋	qí	64
P			其中	qízhōng	63
啪	pā	59	祈祷	qídǎo	71
跑步	pǎo bù	60	启发	qǐfā	71
炮	pào	70			

企图	qǐtú	70	去世	qùshì	74
起义	qǐyì	7	全	quán	57
气	qì	72	全部	quánbù	59
气氛	qìfēn	59	劝	quàn	58
汽油	qìyóu	62	确实	quèshí	63
前后	qiánhòu	68			
前夕	qiánxī	68		**R**	
墙	qiáng	65	热爱	rè'ài	71
敲	qiāo	62	热烈	rèliè	59
瞧	qiáo	73	热情	rèqíng	73
巧	qiǎo	65	人家	rénjia	56
切	qiē	72	人类	rénlèi	70
亲切	qīnqiè	74	人力车	rénlìchē	69
亲自	qīnzì	75	人民	rénmín	57
侵略	qīnlüè	70	人生	rénshēng	75
(练)琴	(liàn)qín	67	人生七十	rénshēng qīshí	60
轻	qīng	73	古来稀	gǔ lái xī	
轻生	qīngshēng	75	人士	rénshì	65
清晨	qīngchén	62	人事	rénshì	73
青铜	qīngtóng	70	人物	rénwù	71
倾向	qīngxiàng	68	人行横道	rénxínghéngdào	62
情景	qíngjǐng	60	认为	rènwéi	67
情绪	qíngxù	60	认真	rènzhēn	56
庆祝	qìngzhù	59	任何	rènhé	64
穷	qióng	74	任务	rènwù	74
穷人	qióngrén	69	仍然	réngrán	73
丘	qiū	71	日	rì	60
秋天	qiūtiān	60	日记	rìjì	56

容易	róngyì	64	生	shēng	69
如果	rúguǒ	56	生活	shēnghuó	56
褥子	rùzi	74	生锈	shēng xiù	74
			生长	shēngzhǎng	69
	S		绳子	shéngzi	58
撒谎	sā huǎng	67	省	shěng	63
散文	sǎnwén	68	省	shěng	66
扫	sǎo	69	圣人	shèngrén	71
色彩	sècǎi	64	失败	shībài	70
晒	shài	59	失去	shīqù	69
闪耀	shǎnyào	61	师傅	shīfu	74
善良	shànliáng	69	拾	shí	66
烧	shāo	74	食	shí	67
少	shào	57	时代	shídài	70
少年	shàonián	58	时刻	shíkè	74
少壮不努力，老大徒伤悲	shàozhuàng bùnǔlì, lǎodà tú shāngbēi	56	时期	shíqī	68
			石器	shíqì	70
			石头	shítou	57
社会	shèhuì	60	十分	shífēn	64
社会主义	shèhuìzhǔyì	66	十字路口	shízì lùkǒu	62
(一)身	(yì) shēn	61	实际	shíjì	62
身分	shēnfen	62	实践	shíjiàn	71
身上	shēnshang	58	实现	shíxiàn	71
身体	shēntǐ	57	实在	shízài	75
深夜	shēnyè	61	使	shǐ	71
神奇	shénqí	64	使用	shǐyòng	70
神仙	shénxian	57	室	shì	72
甚至	shènzhì	62	事故	shìgù	62

事业	shìyè	68	思考	sīkǎo	67
世界	shìjiè	63	思路	sīlù	62
势力	shìlì	68	思想	sīxiǎng	67
似的	shìde	74	司机	sījī	62
收	shōu	60	死	sǐ	57
首创	shǒuchuàng	71	死活	sǐhuó	75
首先	shǒuxiān	57	死心	sǐxīn	74
手续	shǒuxù	73	死心眼儿	sǐxīnyǎnr	75
受	chòu	58	似乎	sìhū	64
受苦受累	shòukǔshòulèi	73	耸	sǒng	63
受罪	shòu zuì	75	俗话	súhuà	60
售货员	shòuhuòyuán	58	酸	suān	66
书呆子	shūdāizi	61	算数	suàn shù	56
书籍	shūjí	71	虽然	suīrán	56
书记	shūjì	61	随着	suí zhe	66
属于	shǔyú	74	碎	suì	64
熟练	shúliàn	71			
暑假	shǔjià	60		**T**	
数学	shùxué	67	他人	tārén	62
衰弱	shuāiruò	70	台阶儿	táijiēr	66
甩	shuǎi	59	态度	táidù	71
双人床	shuāngrénchuáng	72	摊牌	tān pái	72
水平	shuǐpíng	60	谈	tán	56
顺	shùn	66	叹	tàn	74
说明	shuōmíng	70	逃	táo	69
说亲	shuō qīn	74	套	tào	73
私人	sīrén	71	特点	tèdiǎn	71
私心	sīxīn	73	特色	tèsè	65

提	tí	64	土壤	tǔrǎng	68
提倡	tíchàng	68	吐	tǔ	66
提高	tígāo	60	团结	tuánjié	66
提手旁	tíshǒupáng	64	团团转	tuántuán zhuàn	61
提醒	tíxǐng	62	团委	tuánwěi	72
体贴	tǐtiē	74	团圆	tuányuán	59
甜蜜	tiánmì	69	团员	tuányuán	59
条	tiáo	63	推	tuī	68
条件	tiáojiàn	75	推动	tuīdòng	68
铁	tiě	70	推翻	tuīfān	70
铁锁	tiěsuǒ	74	腿	tuǐ	66
听话	tīnghuà	66	退休	tuìxiū	67
停（住）	tíng（zhù）	62	托儿所	tuō'érsuǒ	72
挺	tǐng	58			
通过	tōngguò	62		**W**	
通俗	tōngsú	71	挖	wā	57
通行无阻	tōngxíng wú zǔ	62	外	wài	65
同	tóng	72	外地	wàidì	59
同情	tóngqíng	72	外国	wàiguó	62
同时	tóngshí	62	完成	wánchéng	56
同样	tóngyàng	64	往	wǎng	65
同义词	tóngyìcí	64	望	wàng	72
统计	tǒngjì	70	微弱	wēiruò	75
统一	tǒngyī	69	微笑	wēixiào	61
统治	tǒngzhì	66	为	wéi	68
（西）头	（xī）tóu	61	维护	wéihù	71
投机	tóujī	61	伟大	wěidà	70
土地	tǔdì	69	委员会	wěiyuánhuì	75

为	wèi	65	显示	xiǎnshì	66
为什么	wèishénme	64	现代	xiàndài	65
位置	wèizhì	63	现实	xiànshí	73
文化	wénhuà	61	现象	xiànxiàng	64
文件	wénjiàn	73	相比	xiāngbǐ	68
文具	wénjù	65	相当	xiāngdāng	63
文明	wénmíng	66	想法	xiǎngfǎ	67
文学	wénxué	68	项	xiàng	74
污染	wūrǎn	62	相貌	xiàngmào	62
无论	wúlùn	59	消费	xiāofèi	70
无论如何	wúlùn rúhé	56	消息	xiāoxi	73
无情	wúqíng	74	小脚	xiǎojiǎo (r)	58
无穷	wúqióng	64	小心	xiǎoxīn	66
武器	wǔqì	71	小姨子	xiǎoyízi	73
武术	wǔshù	67	小子	xiǎozi	69
			小组	xiǎozǔ	67
	X		笑话	xiàohua	74
吸引	xīyǐn	65	些	xiē	59
希望	xīwàng	59	血	xiě	69
习俗	xísú	59	写字台	xiězìtái	72
喜事	xǐshì	73	心	xīn	61
瞎说	xiāshuō	72	心情	xīnqíng	75
夏天	xiàtiān	60	心疼	xīn téng	73
吓一跳	xià yítiào	66	新房	xīnfáng	75
鲜	xiān	75	新年	xīnnián	56
鲜艳	xiānyàn	61	欣赏	xīnshǎng	65
先后	xiānhòu	74	欣欣向荣	xīnxīn xiàng róng	68
先进	xiānjìn	72	信心	xìxīn	57

行	xíng	67	养	yǎng	74
形成	xíngchéng	65	养老	yǎng lǎo	75
形状	xíngzhuàng	71	样	yàng	58
性格	xìnggé	60	腰	yāo	66
性质	xìngzhì	70	窑	yáo	66
幸福	xìngfú	62	摇篮	yáolán	63
兴高采烈	xìnggāocǎiliè	59	要紧	yàojǐn	58
兴趣	xìngqù	67	夜	yè	59
凶恶	xiōng'è	59	液体	yètǐ	64
修养	xiūyǎng	66	一辈子	yíbèizi	74
虚心	xūxīn	71	一带	yídài	65
许多	xǔduō	65	一连	yìlián	75
宣传	xuānchuán	71	一切	yíqiè	75
选	xuǎn	73	一生	yìshēng	71
选购	xuǎngòu	65	医疗	yīliáo	75
学费	xuéfèi	71	医院	yīyuàn	66
学说	xuéshuō	71	移	yí	57
			仪式	yíshì	75
Y			以上	yǐshàng	60
轧	yà	66	以为	yǐwéi	64
呀	ya	58	亿	yì	63
研究	yánjiū	60	异性	yìxìng	67
眼睛	yǎnjing	56	异口同声	yìkǒu tóngshēng	63
眼镜	yǎnjìng	58	因此	yīncǐ	62
眼看	yǎnkàn	69	因为	yīnwèi	56
眼泪	yǎnlèi	75	印刷	yìnshuā	70
眼前	yǎnqián	62	婴儿	yīng'ér	72
砚	yàn	65	迎（接）	yíng (jiē)	59

影响	yǐngxiǎng	68	越来越…	yuè lái yuè…	67
涌	yǒng	62	越…越…	yuè…yuè…	61
永远	yǒngyuǎn	69	运	yùn	57
用…的话来说	yòng…de huà lái shuō	60			
				Z	
悠久	yōujiǔ	65	砸	zá	74
优秀	yōuxiù	68	杂志	zázhì	68
油	yóu	64	再说	zàishuō	56
尤其	yóuqí	58	在…下	zài…xià	64
由于	yóuyú	58	攒	zǎn	67
犹豫	yóuyù	62	赞成	zànchéng	57
友爱	yǒu'ài	75	早晨	zǎochén	74
有两下子	yǒu liǎng xià zi	73	造纸	zào zhǐ	70
有用	yǒuyòng	71	则	zé	68
于	yú	63	怎样	zěnyàng	61
于是	yúshì	59	占	zhàn	63
娱乐	yúlè	64	占有	zhànyǒu	70
与	yǔ	66	张口	zhāng kǒu	73
语文	yǔwén	68	长	zhǎng	72
语言	yǔyán	61	掌握	zhǎngwò	64
寓言	yùyán	57	丈夫	zhàngfu	58
原来	yuánlái	64	着	zháo	58
原谅	yuánliàng	56	照顾	zhàogù	56
原始	yuánshǐ	70	照片	zhàopiàn	60
原因	yuányīn	59	照样	zhào yàng	72
原作	yuánzuò	65	者	zhě	65
远走高飞	yuǎn zǒu gāo fēi	69	这儿	zhèr	63
院子	yuànzi	69	这里	zhèlǐ	65

这样	zhèyàng	57	志气	zhìqì	69
针线	zhēnxiàn	74	至于	zhìyú	64
睁	zhēng	56	钟	zhōng	73
正月	zhēngyuè	59	…中	…zhōng	64
整理	zhěnglǐ	58	中年	zhōngnián	58
挣	zhèng	69	中篇小说	zhōngpiān xiǎo shuō	68
正直	zhèngzhí	69			
政府	zhèngfǔ	65	主动	zhǔdòng	66
政事	zhèngshì	61	主婚人	zhǔhūnrén	75
织	zhī	64	主任	zhǔrèn	72
…之间	…zhījiān	66	主意	zhǔyì	74
…之一	…zhīyī	59	主张	zhǔzhāng	71
知识	zhīshi	67	祝	zhù	60
知心	zhīxīn	67	住院	zhù yuàn	75
支持	zhīchí	67	住址	zhùzhǐ	75
值班	zhí bān	75	著名	zhùmíng	63
值日	zhírì	67	铸造	zhùzào	70
直辖市	zhíxiáshì	63	抓	zhuā	69
殖民地	zhímíndì	70	拽	zhuài	58
只好	zhǐhǎo	56	转（身）	zhuán (shēn)	72
只是	zhǐshì	75	转	zhuǎn	62
只要	zhǐyào	57	撞	zhuàng	62
只有	zhǐyǒu	57	准	zhǔn	67
指南针	zhǐnánzhēn	70	准确	zhǔnquè	63
纸钱	zhǐqián	74	准时	zhǔnshí	74
治	zhì	69	资本主义	zībǎnzhǔyì	70
治疗	zhìliáo	75	资料	zīliào	70
制度	zhìdù	68	子时	zǐshí	59

自己	zìjǐ	66	最好	zuìhǎo	67
自来水	zìláishuǐ	64	最后	zuìhòu	63
自行车	zìxíngchē	61	最近	zuìjìn	67
自学	zìxué	56	尊称	zūnchēng	71
自治区	zìzhìqū	63	遵守	zūnshǒu	62
字画	zìhuà	65	左右	zuǒyòu	69
字母	zìmǔ	56	作伴	zuò bànr	74
总结	zǒngjié	71	作家	zuòjiā	68
总之	zǒngzhī	68	作品	zuòpǐn	65
走后门	zǒu hòuménr	72	作用	zuòyòng	70
租	zū		69	做寿	zuò shòu	69
组织	zǔzhī		67	座谈会	zuòtánhuì	67